MEMO Comadre Lucy

1718

455=8227

Yolanda

1718

294=1591

Rosy (1718)

443-8372

Tío Sico

1718

260-3605

Angel + Elva Primo

1787

837-7700

Las Llaves del Reino
Jesús y la Cábala Cristiana

LA AUTORA

Migene González-Wippler nació en Puerto Rico y es licenciada en Psicología y Antropología por las universidades de Puerto Rico y Columbia. Ha trabajado como redactora científica para la Interscience Division de John Wiley, el Instituto Americano de Física, el museo de Historia Natural Americano de Nueva York, y como redactora de inglés para las Naciones Unidas en Viena.

CORRESPONDENCIA A LA AUTORA

Para contactar o escribir a la autora, o si desea más información sobre este libro, envíe su correspondencia a Llewellyn Worldwide para ser remitida a la autora. La casa editorial y la autora agradecen su interés y comentarios en la lectura de este libro y sus beneficios obtenidos. Llewellyn Worldwide no garantiza que todas las cartas enviadas serán contestadas, pero si le aseguramos que serán remitidas a la autora.

Favor escribir a:

Migene González-Wippler
℅ Llewellyn Español
P.O. Box 64383, Dept. 0-7387-0648-5
St. Paul, MN 55164-0383, U.S.A.

Incluya un sobre estampillado con su dirección y $US1.00
para cubrir costos de correo. Fuera de los Estados Unidos
incluya el cupón de correo internacional.

Muchos de los autores de Llewellyn poseen páginas en la Internet
con más información. Por favor visite nuestra página:
HTTP://WWW.LLEWELLYNESPANOL.COM

MIGENE GONZÁLEZ-WIPPLER

LAS LLAVES
DEL
REINO

Jesús y la Cábala Cristiana

Llewellyn Español
St. Paul, Minnesota

ESTE LIBRO ES DEDICADO A MIS ESTUDIANTES

PRIMERA EDICIÓN
Primera impresión, 2005

Coordinación y edición: Edgar Rojas
Diseño del interior: Rebecca Zins
Diseño de la cubierta: Ellen Dahl
Ilustración de Cristo en la página 114 por Wendy Froshay
Arte de la portada © PhotoDisc, Inc. (imagen de Jesús),
© Digital Stock (textura de madera)
Otras ilustraciones: Llewellyn Art Department, excepto la Figura 2
Título original en inglés: *Keys of the Kindom*
Traducción al idioma español: Héctor Ramírez y Edgar Rojas

Librería del Congreso. Información sobre esta publicación. (Pendiente)
Library of Congress Cataloging-in-Publication Data. (Pendent)
González-Wippler, Migene

ISBN: 0-7387-648-5

Llewellyn Español
Una división de Llewellyn Worldwide, Ltd.
P.O. Box 64383, Dept. 0-7387-648-5
St. Paul, MN 55164-0383, U.S.A.
www.llewellynespanol.com

Impreso en los Estados Unidos de América.

LISTA DE FIGURAS

LISTA DE TABLAS

INTRODUCCIÓN

La palabra *kabbalah* (cábala) se deriva de la raíz hebrea kibel, "recibir". Se refiere a "recibir" secretos de los antiguos místicos judíos, quienes los revelaron a sus discípulos principalmente a través de enseñanzas orales. Algunas de estas enseñanzas fueron encriptadas en la Biblia y otros libros sagrados.

La cábala es descrita mejor como la doctrina esotérica de los judíos; es mística, paradójica y profundamente inquietante; es como una ecuación matemática que no puede ser resuelta; no es fácil de estudiar y es incluso más difícil de comprender. La tradición judía enseña que sólo hombres casados mayores de cuarenta años pueden aprenderla después de mucho tiempo de arduo estudio.

Tradicionalmente, las mujeres tienen prohibido estudiar la cábala. Los cabalistas también enseñan que el entendimiento profundo de la lengua hebrea es una parte intrínseca de los estudios cabalísticos. Esto es verdad hasta cierto punto, pero es posible comprender los principios básicos de la cábala sin ser experto en hebreo. La cábala habla un lenguaje universal y fue destinada para todo el mundo. Esto no significa que revelará sus secretos más profundos a todo el que se considere digno de estudiarla. De hecho, muchos cabalistas judíos doctos han pasado la vida entera engolfados en los textos cabalísticos sagrados, la Tora y el Talmud, sin comprender su mensaje completo, que es demasiado grande y profundo. Aunque ningún ser vivo puede esperar entenderla plenamente, en el proceso de estudiarla, algunos de sus preciados secretos serán revelados al buscador serio.

La cábala no se revela totalmente a nadie; es como las numerosas partes de un rompecabezas gigante que están dispersas y divididas entre muchos, pero nunca destinadas a ser reunidas para formar un todo. A medida que profundizamos en sus misterios, revela algunos de sus secretos . . . pero no todos. Cada persona "recibe" lo que necesita entender.

En mi primer libro sobre el tema, *Cábala para el Mundo Moderno*, expliqué cómo yo, mujer y cristiana, me interesé inicialmente en el estudio de la cábala. Mi respuesta para esta pregunta es doble; primero que todo, gran parte de mi abolengo tuvo su origen en España, que fue el lugar de nacimiento de muchos místicos y teólogos judíos célebres, tales como Maimónides, el afamado autor de *A Guide to the Perplexed* (Guía de perplejos). También fue el lugar donde nacieron los primeros cabalistas, especialmente Moisés de León, el supuesto autor del tratado cabalista más importante, el Zóhar o Libro del esplendor.

Los judíos permanecieron en España hasta 1492, cuando fueron expulsados del país por Fernando e Isabel como consecuencia de los horrores de la Inquisición. Dejaron atrás una rica herencia cultural y mística, que incluía la cábala. Estos judíos fueron conocidos como *sefardíes*, o judíos españoles. Su nombre se deriva de la palabra hebrea *Sefarad*, "España". Es interesante observar que *Sephiroth*, término dado a las esferas del árbol de la vida cabalístico, se deriva de la misma raíz. Por lo tanto, podemos decir que la cábala tiene fuertes lazos españoles y no es sorprendente que muchas personas con raíces españolas se sientan profundamente atraídas por ella.

La otra razón por la que me introduje en el estudio de la cábala, es que Jesús una vez dijo, "yo soy el camino; nadie viene al Padre sino por mí". Y, en verdad, todo el mundo cristiano está basado en las escrituras y la Tora —la ley— dadas en las enseñanzas de Jesús. Estas enseñanzas están arraigadas en el Antiguo Testamento y por consiguiente en la tradición judía. Cuando me di cuenta de la importancia de mi origen judeocristiano, decidí aprender más acerca de las tradiciones judías religiosas y místicas. Así fue que descubrí la cábala.

La cábala es un sistema teosófico esotérico que contiene elementos gnósticos y neoplatónicos; describe la naturaleza de Dios y nuestra relación con él, dando una visión general de la creación. También brinda una poderosa interpretación de la Tora y especialmente los diez mandamientos, que son presentados simbólicamente como los diez Sephiroth o esferas del árbol de la vida.

Aunque la cábala no fue publicada en un libro hasta el siglo XIII en el Zóhar, su tradición oral es muy antigua. Y con un estudio profundo es claro observar que las enseñanzas de Jesús son esencialmente cabalísticas. Como veremos en este libro, Jesús conocía muy bien la cábala y procuró usarla como un medio de instrucción.

El estudio de la cábala revela un fundamento profundamente mesiánico; en otras palabras, está estrechamente relacionado con el concepto del Mesías. Esto quedó bastante claro gracias a las revelaciones iluminadas de Isaac Luria. Las explicaciones luriánicas de la cábala dan un significado cósmico al sufrimiento judío después del exilio de España, y brinda una reinterpretación mesiánica de la doctrina cabalística. Según Luria, el Mesías está en el corazón de la cábala, y sólo a través de él puede ser revelado su verdadero significado.

Las ideas de Luria prepararon el terreno para un gran cataclismo mesiánico alrededor de la figura de Sabbatai Zevi, que influyó en todos los judíos en el siglo XVII. Sabbatai Zevi había estudiado la cábala y el Talmud y pronto fue ordenado como *hakam* (sabio), un título rabínico sefardista. Desafortunadamente, él pronto desarrolló síntomas de depresión maniaca, caracterizados por comportamiento extraño y violación de leyes religiosas. Durante sus períodos maniacos declaró ser el Mesías y obtuvo mucho apoyo en toda Palestina y la Diáspora. Después fue encarcelado por los turcos y se convirtió al Islam para escapar de la persecución. A pesar de negar sus raíces judías, el movimiento mesiánico de Sabbatai Zevi continuó hasta el siglo XIX.

Aunque Sabbatai Zevi fue finalmente reconocido como un falso Mesías, aún existen las bases mesiánicas creadas por la interpretación de la cábala hecha por Luria. Es a través del Mesías que puede ser revelado el verdadero significado de la cábala, y a través de ésta, el verdadero propósito de la creación.

Para Israel, el Mesías está aún por venir; para millones de cristianos alrededor del mundo, llegó hace dos mil años encarnado en Jesucristo. Pero Jesús era judío y de este modo el concepto de Mesías también es judío. Sólo un judío puede ser el Mesías, y para ser aceptado como tal debe cumplir con todas las condiciones que rodean esta figura mística.

En este libro examinaremos la afirmación de Jesús respecto a su mesiazgo e intentaremos determinar si él cumple con todas las condiciones requeridas. Según la tradición judía, el Mesías debe ser varón, descendiente directo de David a través de una línea patriarcal; también tiene que ser casado y tener al menos un hijo. Muchas de las enseñanzas de Jesús serán reexaminadas a la luz de la cábala, incluyendo el paternóster, o padrenuestro, que está claramente basado en el árbol de la vida cabalístico. También será presentado un método especial para rezar el paternóster, que cambiará para siempre esta oración para todo cristiano.

Como hemos visto, el Mesías está en el corazón de la cábala, y sólo a través de él es revelado su verdadero significado. A la luz de esta revelación, el mesiazgo que afirmaba tener Jesús es muy importante, porque si en realidad era el Mesías, entonces el cristianismo —sus enseñanzas— posee las claves para conocer el verdadero significado de la cábala y el propósito de la creación. Estas son las llaves del reino, donde el "reino" es la Tierra. Esto no significa que la cábala no es judía, sino que los cristianos son judíos.

PARTE I

JESÚS, EL HOMBRE

CRISTIANISMO
VS. JUDAÍSMO

Porque a vosotros hablo, gentiles.
Por cuanto yo soy apóstol,
a los gentiles glorifico mi ministerio
para provocar celos a mi propia gente.
—Pablo, epístola a los Romanos 11:13

El cristianismo es una secta judía, basada en las enseñanzas de un judío cuyos primeros seguidores eran judíos. Después de la anunciada muerte de Jesús en la cruz, algunos de sus discípulos empezaron a diseminar sus enseñanzas. El centro de este adoctrinamiento fue Jerusalén hasta el año 70, cuando los romanos destruyeron la ciudad. En aquella época, todos los conversos al cristianismo eran judíos; por lo tanto, los primeros cristianos eran judíos que creían en las enseñanzas de Jesús.

Cuando Pablo escribió su epístola a los Romanos y habló de glorificar su ministerio "para provocar celos a [su] propia gente", la gente a la que se refería eran los judíos. Claramente, la intención de Pablo fue traer de regreso al cristianismo a los judíos cristianos que habían dejado el movimiento, y pensó hacerlo provocándoles celos de los gentiles que se habían unido a la nueva secta. Esperaba que los judíos regresaran al cristianismo para reclamar su fe de los gentiles; no tuvo éxito.

La principal fuente de la vida y enseñanzas de Jesús se encuentra en los cuatro evangelios. El de San Mateo es el primero que aparece en el Nuevo Testamento y el más influyente en la historia de la iglesia, pero el evangelio de San Marcos hoy día es considerado como el primero en haber sido escrito. La fecha dada se encuentra alrededor del año 70, antes de la destrucción de Jerusalén. Los de San Mateo y San Lucas fueron escritos después, y el de San Juan, el último evangelio, probablemente se realizó en la década final del siglo I, alrededor del año 90. Se cree que el evangelio de San Marcos fue la estructura en la cual se basaron los de San Mateo y San Lucas. Por tal razón, estos tres son conocidos como los evangelios sinópticos. La palabra *sinóptico* proviene del griego y significa "mirar de un vistazo". Los tres evangelios presentan una visión similar de la vida y enseñanzas de Jesús.

El evangelio según San Juan, el último de los cuatro, difiere enormemente de los sinópticos, especialmente en las fechas de sucesos en la vida de Jesús. Además, en este evangelio, el ministerio de Jesús dura más de dos años, mientras que en los sinópticos sólo dura un año. El de San Juan es reconocido como el evangelio "espiritual", que trata más la naturaleza divina de Jesús y su relación con Dios.

De los autores de evangelios, sólo dos —Mateo y Juan— fueron apóstoles de Jesús, pero la mayoría de eruditos bíblicos no cree que en realidad hayan escrito los evangelios que llevan sus nombres. En la actualidad se acepta generalmente que éstos fueron usados por sus amigos o discípulos, aunque eruditos conservadores todavía creen que el cuarto evangelio, supuestamente escrito por Juan Evangelista, en realidad lo hizo él durante su estancia en Éfeso.

Mateo, apóstol de Jesús, fue recaudador de impuestos en Cafarnaúm, y se cree que su verdadero nombre era Leví; se dice que Jesús le cambió su nombre por Mateo cuando lo hizo apóstol.

Se dice que Juan era hijo de Zebedeo y hermano de Santiago el Mayor, otro apóstol. Fue muy activo en la organización de la incipiente iglesia y trabajó estrechamente con Pedro; después lo desterraron a Pátmos y luego fue a Éfeso, donde se cree que escribió el cuarto evangelio. También se cree que Juan es el autor del libro de la Revelación.

Al parecer Marcos era un gentil; su nombre romano era Marcus y su madre María, un ama de casa de Jerusalén, donde los primeros cristianos se reunían en la época de la persecución romana.

Lucas fue un compañero cercano de Pablo. Probablemente también era gentil porque Pablo lo distinguía de sus colaboradores judíos.

Fuera de los evangelios, el Nuevo Testamento da más detalles de la vida y enseñanzas de Jesús en los Hechos de los Apóstoles, (también escritos por Lucas) y las diversas epístolas.

Después de la destrucción de Jerusalén en el año 70, el movimiento cristiano quedó disperso en toda Palestina y en el extranjero. Una fuente importante de la dicotomía o separación del cristianismo de sus raíces judías, fue el mayor número de gentiles que empezaron a unirse a la nueva religión. Hacia el final del siglo II, los gentiles cristianos comenzaron a superar la cantidad de cristianos judíos. Pablo tuvo mucho que ver con esta enajenación; convencido de que él era el "instrumento escogido" para transmitir al mundo las enseñanzas de Jesús, empezó a incorporar muchos no judíos en la iglesia cristiana. Para hacer más llamativo el cristianismo, relajó las observancias judías tradicionales que eran difíciles de aceptar por los gentiles, especialmente la circuncisión y las estrictas leyes dietarias. Esto era inaceptable para las sinagogas y se inició una lucha sutil entre la nueva secta judía y el judaísmo tradicional. En lugar de apaciguar a los rabinos, Pablo buscó enajenarlos más. El sabbat fue cambiado del sábado al domingo, y las leyes dietarias se suprimieron completamente. De repente la carne de cerdo y los mariscos, tradicionalmente abominaciones en la Tora judía pero una parte rutinaria de la dieta de los gentiles, fueron permitidos como alimento. Además, también se ignoraron las importantes fiestas guardadas por el judaísmo tradicional. Los días de ayuno fueron transformados en días festivos. Lo que Jesús, un rabino ortodoxo, habría dicho respecto a eso, no pareció importarle a Pablo, quien tenía el reinado libre.

Los puntos de vista radicales e inortodoxos se encontraron con una fuerte oposición de Pedro, quien era un judío devoto. Las tácticas de Pablo estaban ganando grandes cantidades de seguidores del incipiente cristianismo, y con el tiempo Pedro se vio forzado a guardar silencio. Lenta pero firmemente, la nueva religión se apartó más de sus raíces judías y pronto se convirtió en una fuerza independiente.

Los primeros seguidores de Jesús sumaban alrededor de 200; entre ellos estaban los 12 discípulos o apóstoles y los 72 que Jesús envió delante de él a "lugares donde pensaba ir". Todos estos seguidores de Jesús eran judíos. Después de la crucifixión, la mayoría de los que se volvieron cristianos también eran judíos. Formaban dos grupos: los de abolengo judío, y quienes no eran judíos tradicionales pero vivían en Israel y adoptaron y practicaron la fe judía, conocidos como prosélitos. Por lo tanto, en sus inicios, el cristianismo era una secta judía.

Pablo era un judío además de ciudadano romano, y al principio estaba en contra del movimiento cristiano. Decidió viajar a Damasco y reunir los seguidores de Jesús para hacerlos arrestar. En el camino a esta ciudad quedó ciego y tuvo una visión en que Jesús apareció y le preguntó por qué estaba persiguiéndolo. Después de esto, Pablo se volvió creyente de Jesús, fue bautizado y recuperó la vista. Con el mismo entusiasmo que tuvo para perseguir a los cristianos, empezó a predicar que Jesús era el Mesías. Pero su personalidad agresiva y enérgica enajenó a muchas personas, cristianas y no cristianas. Tal vez para aprender a dominar esta tendencia violenta, Pablo se alejó del mundo para vivir en el desierto varios años. Al regresar, empezó a reclutar en el movimiento cristiano a toda la gente posible. Al parecer, los años en el desierto no habían suavizado su temperamento, pues continuó perturbando a quienes lo rodeaban, especialmente a los judíos ortodoxos. No le importaba quiénes se unían al cristianismo, judíos y gentiles eran aceptables para él; todo lo que le interesaba era que grandes cantidades de personas se unieran al movimiento cristiano.

Antes de este tiempo, los seguidores de Jesús observaban la ley mosaica. Pablo cambió todo eso; lo importante era creer en la divinidad de Jesús, incluso si los creyentes no seguían las leyes de Moisés. Las personas eran bautizadas, aceptadas y se volvían cristianas.

Las nuevas reglas de Pablo no fueron aceptadas por muchos de los judíos cristianos que seguían la ley mosaica y no querían abandonar la práctica del judaísmo; tales personas fueron guiadas por Pedro. Esta fue la primera división en la secta judía conocida como cristianismo:

los seguidores de Pablo, quienes aceptaban a cualquiera en sus filas, y los seguidores de Pedro, quienes deseaban mantenerse fieles a sus intrínsecas raíces judías. Con el tiempo, esta división aumentó hasta que fue inevitable una separación total. Finalmente Pablo y Pedro fueron procesados y ejecutados por los romanos; Pedro fue crucificado —con la cabeza hacia abajo, pues no se consideró digno de ser crucificado como Jesús—, y Pablo decapitado.

Roma no toleraba nuevas religiones pero aceptaba la práctica de las ya establecidas. Por lo tanto, era prudente para la secta cristiana declarar que eran judíos practicando una forma de judaísmo, en lugar de reconocer que estaban creando una nueva religión. Pero las cosas cambiaron repentinamente cuando un grupo de zelotes decidió rebelarse contra Roma. Después de esto ya no era seguro ser asociado con el judaísmo; pero como miembros de una nueva religión, los cristianos también fueron perseguidos. Enfrentada con la posibilidad de que sus miembros fueran perseguidos como judíos o como cristianos, la nueva secta decidió valerse por sí misma. Fue en esta época que los líderes del movimiento cristiano decidieron preservar las enseñanzas de Jesús, que antes habían sido transmitidas oralmente; por eso, poco antes del año 60, los evangelios fueron escritos. Sin duda, no todas las enseñanzas de Jesús se registraron por escrito; al igual que muchas de las enseñanzas de Moisés, algunas de ellas eran secretas y permanecieron así. Algunas siguieron siendo enseñanzas orales y aquí es donde quedó oculto el conocimiento cabalístico de Jesús. Como veremos, parte de este conocimiento fue revelado en lo que se conoce como la doxología del paternóster.

La nueva secta cristiana, perseguida encarnizadamente por los romanos, se volvió clandestina. En la actualidad vemos restos de esos días en las catacumbas romanas donde los cristianos solían hacer muchas de sus reuniones.

La persecución duró mucho tiempo hasta que fue abolida por el emperador Constantino el Grande en el siglo IV.

Constantino era un henoteísta solar y creía que el dios Sol romano era la manifestación visible de la fuerza creativa detrás del universo. En el año 310, en vísperas de una batalla contra su rival Majencio, Constantino soñó que Jesús se le apareció y dijo que inscribiera las primeras dos letras del nombre de Jesús sobre los escudos de sus soldados. Al día siguiente, durante la batalla, vio aparecer una cruz en medio del sol con las palabras "bajo esta señal serás victorioso". Constantino derrotó a Majencio, y el senado lo aclamó como el salvador del pueblo romano. Desde ese día en adelante, vio a Jesús y la cruz como los precursores de la victoria. La persecución de los cristianos terminó, y en 313 Constantino firmó el edicto de Milán, que ordenaba la tolerancia de la religión cristiana en todo el Imperio romano; bajo su protección fue establecida la primera iglesia cristiana. Luego presidió el primer concilio ecuménico en Nicea en 325, y construyó iglesias en la Tierra santa, donde su madre —canonizada después como Santa Helena—, según se supone, encontró la verdadera cruz donde Jesús fue crucificado. Constantino fue bautizado poco antes de su muerte en 337, convirtiéndose finalmente en un cristiano reconocido.

Con el edicto de Milán, los cristianos pudieron practicar su religión abiertamente, pero para entonces se había desarrollado mucha animosidad entre judíos y cristianos. Un creciente número de personas se estaban convirtiendo al cristianismo. Incluso después de su muerte, los esfuerzos proselitistas de Pablo continuaron siendo muy exitosos; él y sus seguidores habían viajado por muchos lugares diseminando las enseñanzas de Jesús y convirtiendo a mucha gente, no sólo judíos, al cristianismo; pero debido a que éste aún era encubierto como una secta judía, tales conversiones empezaron a ser peligrosas para el judaísmo.

Mucho antes del edicto de Milán, los rabinos se habían preocupado de que su religión finalmente desapareciera por las crecientes conversiones al cristianismo, y para proteger el judaísmo tomaron una decisión trascendental. Decretaron que una persona sólo podía ser llamada judía si se adhería a la ley mosaica por completo. Esto forzó a muchos de los judíos cristianos a escoger entre el cristianismo, con sus caducadas reglas mosaicas, y el judaísmo tradicional.

Los cristianos respondieron rápidamente a este desafío; denunciaron que los judíos tradicionales no veían la luz y se negaban a aceptar el Nuevo Testamento entre el hombre y Dios. En sus primeras epístolas, Pablo había señalado esto, dejando la puerta abierta para que los judíos se unieran a las filas cristianas. El evangelio de San Juan y el libro de la Revelación también acusaron a los judíos de estar ciegos ante la verdad del Señor. Los líderes cristianos resaltaron su separación del judaísmo tradicional ostentando la ley mosaica. De esta manera buscaron probar a sus conversos; si realmente creían en Jesús y deseaban unirse a la comunidad cristiana, tenían que desafiar al judaísmo tradicional en todas sus formas.

Hacia la época del edicto de Milán, la división entre el judaísmo y el cristianismo era tan profunda que no podía ser arreglada. Eran dos religiones distintas y las diferencias entre ellas las mantendrían separadas por siempre.

Lo que hace más irónica esta separación es que Jesús y sus primeros seguidores eran judíos tradicionales leales que, con toda probabilidad, se habrían consternado profundamente por el desacuerdo que dividió las bases de la ley judía en nombre de Jesús. En el evangelio de San Mateo, Jesús dice que no vino a abolir la ley o los profetas sino a cumplirla; luego afirma que cualquiera que quebrante el más pequeño de estos mandamientos, muy pequeño será llamado en el reino de los cielos. Él no se refería a los diez mandamientos sino a toda la Tora, que está basada en 613 estatutos. Entre éstos se incluyen las reglas dietarias y el sabbat, quebrantados por los primeros padres cristianos; otros, como el período del jubileo, celebrado cada cincuenta años, y el perdón de las deudas cada siete años, continúan siendo parte de la tradición judeo-cristiana y, en realidad, de la mayoría de sociedades modernas.

Como lo pronosticó Pablo en su epístola a los Romanos, él se convirtió en el apóstol de los gentiles y ahora sólo éstos son parte de la secta judía conocida como cristianismo.

2

EL HIJO

Despreciado y desechado entre los hombres,
varón de dolores y experimentado en quebranto.
Mas él herido fue por nuestras rebeliones.
Agraviado por nuestras iniquidades.

—ISAÍAS 53:3

Inevitablemente, cualquier discurso sobre la vida de Jesús —"el varón de dolores" profetizado en Isaías 53— debe comenzar con la evidencia histórica que rodea su existencia. Hubo un período del siglo XIX en que los eruditos bíblicos dudaron que Jesús hubiera existido. Estas dudas fueron causadas por la naturaleza teológica de los registros bíblicos y la aparente disensión de parte de la información disponible en los evangelios. Después, fuentes históricas de la época, tales como el filósofo alejandrino Filón, Plinio el Viejo y su sobrino Plinio el Joven, Eusebio y especialmente el muy respetado historiador judío Flavio Josefo, suministraron la evidencia requerida para probar con hechos la existencia de Jesús.

Filón mencionó la muerte de Jesús bajo Pilatos mientras escribía sobre la ignominiosa carrera del procurador romano en Judea (vea Yonge, *Works of Philo*). Plinio el anciano, quien registraba toda clase de acontecimientos naturales y sobrenaturales asociados con sectas y personajes famosos, mencionó algunos de los presagios que los cristianos dijeron que acompañaron el nacimiento y la muerte de Jesús. En una carta al emperador romano Trajano, Plinio el Joven contó relatos acerca de Jesús y algunos de sus milagros. Pero fue la evidencia de Flavio Josefo, en sus *Antigüedades judaicas* 18:3:3 y 20:9:1, la que brindó el testimonio más sólido de la existencia del Jesús histórico. En *Antigüedades 20*, Josefo escribió un relato de Anano, el gran sacerdote judío, quien convocó al sanedrín, la corte rabínica, para procesar a Santiago, el hermano de Jesús, "aquel llamado el Cristo", junto con otros de su grupo, por el delito de violar la ley. Anano no tuvo éxito en este intento y finalmente fue desalojado por el rey, quien lo privó del sumo sacerdocio. Con este relato, Josefo, de forma natural e imparcial, nos dice que un hombre llamado Jesús, conocido como el Cristo, y su hermano Santiago en realidad existieron. Por los registros de los evangelios sabemos que Jesús tuvo un hermano llamado Santiago. Después, Eusebio citó a Josefo y *Antigüedades 20*, agregando que Jesús había sido ejecutado por los judíos, aunque él era un hombre justo.

En *Antigüedades 18*, mejor conocido como el *Testimonium Flavianus*, Josefo va un poco más lejos; el pasaje concerniente a Jesús lee como sigue:

> En esta época vivió ahí Jesús, un hombre sabio, porque era un hacedor de obras maravillosas y un maestro de los hombres que reciben la verdad con placer. Convenció a muchos judíos y griegos. Cuando Pilatos, al oír que lo acusaban hombres de la más alta reputación entre nosotros, lo condenó a ser crucificado, quienes en principio lo llegaron a amar no lo abandonaron. Y la tribu de los cristianos, llamada así en nombre de él, continúa hasta hoy.

El *Testimonium Flavianus* es muy controversial y algunos eruditos sostienen que lo más probable es que se trate de una invención cristiana puesta en los respetables pies de Josefo. Afirman que como judío practicante, Josefo se habría escandalizado por la aserción de los cristianos de que Jesús tenía un origen divino, y nunca habría escrito tal pasaje. Otros contradicen esta afirmación diciendo que como historiador serio, Josefo debía registrar la verdad histórica, sin importar cuán desagradable pueda haber sido para él como judío. Pese a la controversia, la mayoría de eruditos bíblicos modernos aceptan el *Testimonium* como válido.

Desde un punto de vista meramente lógico, la existencia del Jesús histórico no necesita la verificación de historiadores del período; es una realidad aceptada que miles de cristianos fueron perseguidos y ejecutados por los romanos. Esta persecución empezó treinta años después de la crucifixión. En esa época aún había gente viva que conoció a Jesús personalmente. ¿Es lógico que personas siguieran las enseñanzas de un personaje mítico hasta el punto de ser perseguidas y ajusticiadas, especialmente cuando se decía que había vivido apenas treinta años antes? Tres décadas es un tiempo muy corto. Incluso hoy, los menores de treinta años conocen los acontecimientos que tomaron lugar durante la guerra del Vietnam; se trata de un registro histórico, y también hay quienes vivieron en esos años para dar fe de los sucesos bélicos.

La existencia del Jesús histórico ya no es cuestionada. Actualmente, la mayoría de eruditos están de acuerdo en que él vivió en la época mencionada en los evangelios, aunque no todos aceptan lo que éstos nos dicen.

¿Pero quién fue este hombre llamado Jesús? ¿Qué tanto podemos deducir del registro de los evangelios? En este libro veremos a Jesús el hombre y Jesús el maestro, además de su afirmación de ser el Mesías.

Jesús nació en Belén, la patria de David, pero creció y vivió la mayor parte de su vida en Nazaret, la ciudad de origen de su madre, María, y su padre, José, un carpintero. "Jesús" es una traducción de su nombre hebreo Joshua, o sin abreviar *Yehoshuah*, que significa "Yaweh es liberación". Los registros históricos presentan su nacimiento entre el 8 y 4 a. C., y su muerte alrededor del año 29. El mes de nacimiento no es claro; desde luego que no nació el 25 de diciembre, una fecha escogida por los primeros padres cristianos para que coincidiera con la fiesta pagana de la Navidad. Algunos eruditos creen que el mes de nacimiento es marzo, pero está lejos de ser aceptado plenamente.

Los evangelios de San Mateo y San Lucas dicen que él fue concebido por María, una mujer virgen, a través de la intervención divina del Espíritu Santo. Veremos eso más adelante, cuando hablemos de los misterios de la Shekinah, el aspecto femenino de Dios según la cábala. Los evangelios de San Marcos y San Juan no mencionan el parto virginal de María. En realidad, ambos presentan a Jesús como un hombre adulto, poco antes de que fuera bautizado por San Juan Bautista.

Los relatos de San Mateo y San Lucas varían en muchos detalles. Sólo Mateo menciona la visita de los Tres Reyes Magos con sus obsequios de oro, mirra y olíbano, y la huida a Egipto para escapar de la degollación de los inocentes ordenada por el rey Herodes. Únicamente el evangelio de San Lucas menciona la Anunciación del arcángel Gabriel a María, de donde nació el avemaría, y sólo San Lucas habla de los pastores y ángeles que asistieron al nacimiento de Jesús en un pesebre, y los eventos de su circuncisión donde dos profetas predijeron que él era el esperado Mesías.

Pero San Lucas presenta una interesante visión de la religiosidad de José y María. Dice que después del nacimiento del niño, llevaron dos palomas al sumo sacerdote del templo, las cuales debían ser sacrificadas para asegurar la purificación de María después de su parto. Esto revela que María y José eran judíos muy devotos y cumplían estrictamente la ley mosaica. Por lo tanto, Jesús creció en una familia de padres sumamente religiosos que le deben haber inculcado un respeto profundo por su fe judía. Esto debe haber generado en él un gran interés por los asuntos religiosos. De nuevo, es San Lucas quien da fe de ese hecho con su historia de Jesús perdido momentáneamente a los doce años de edad; sus frenéticos padres lo encontraron en el templo discurriendo con los rabinos, quienes estaban asombrados por su sabiduría.

Algo de suma importancia le ocurrió a Jesús después de su corta estancia en el templo; simplemente se esfumó, desapareció de los evangelios dieciocho largos años. La siguiente vez que lo encontramos en San Lucas y San Mateo (capítulo 3 en ambos relatos), ya es un hombre adulto y a punto de ser bautizado por Juan Bautista. No hay un solo registro conocido de la vida adulta de Jesús antes de su encuentro con Juan, quien era pariente de él, siendo el hijo de Isabel, familiar de María. Sabemos que tenía treinta años porque San Lucas dice que esa era su edad cuando inició su ministerio, poco después de ser bautizado. Es desconcertante el asombroso salto en el tiempo desde la primera infancia de Jesús hasta la plena adultez. El hecho de que los dos primeros capítulos en San Lucas y San Mateo mencionen su nacimiento con detalle, y luego en el capítulo 3 de repente sea ya un hombre, nos deja con la sensación de que hace falta mucho material de estos evangelios.

Para aclarar este misterio, debemos empezar reconstruyendo lo que quizás le sucedió a Jesús después de los doce años de edad. En el judaísmo tradicional, cuando un niño cumple trece años, llega a la edad de madurez legal y empieza a participar como un adulto en la vida religiosa de la comunidad. Esta ocasión es señalada con la ceremonia conocida como el *bar mitzvah*, que significa "hijo del mandamiento". A esta edad el niño se pone por primera vez las filacterias o *tefillin*, pequeñas cajas negras y cuadradas que contienen un pergamino con pasajes bíblicos, las cuales son sujetadas con tiras de cuero en la frente y el brazo izquierdo, y usadas durante oraciones matinales cada semana. Debe aparecer en la sinagoga para leer de la Tora, o la Ley, los primeros cinco libros del Antiguo Testamento, que se cree fueron escritos por Moisés. La ocasión es celebrada con una fiesta donde el niño es rodeado por parientes y amigos; varios rabinos están siempre presentes.

La costumbre de hacer un *bar mitzvah* es muy antigua. Según el midras, que consiste en interpretaciones del Antiguo Testamento, el patriarca Abraham hizo un bar mitzvah para Isaac. En el libro del Génesis, está escrito que Abraham realizó una gran fiesta el día que su hijo fue destetado. El midras interpreta esto como Isaac siendo "destetado" de sus inclinaciones malignas. De acuerdo al midras, a los trece años de edad una persona comienza a desarrollar la madurez e inteligencia para tomar decisiones convenientes y de este modo lograr la capacidad de vencer sus "tendencias malignas" si así lo desea. Esto da a entender que el primer bar mitzvah tomó lugar cuando Isaac tenía trece años.

¿Eran los bar mitzvahs observados en la época de Jesús? No se sabe con certeza, pero sí sabemos que en esos tiempos la gente maduraba rápidamente. A los trece años de edad, un muchacho era considerado suficientemente mayor para casarse y crear una familia propia. Por tradición, los niños y niñas no escogían sus futuras parejas; esto se dejaba a los padres, quienes arreglaban los matrimonios para sus hijos con personas conocidas con hijos de la edad y educación apropiadas.

¿María y José arreglaron el matrimonio para su hijo Jesús? Con toda probabilidad lo hicieron; era parte de la ley mosaica. Por el evangelio de San Lucas sabemos que eran judíos devotos que cumplían la ley fielmente. El primer mandamiento dado por Dios a la humanidad aparece en el libro del Génesis cuando dijo a su nueva creación "sean fructíferos y háganse muchos". Este es un *mitzvoh* o mandamiento muy importante, observado estrictamente por todos los judíos ortodoxos. En realidad, la ley judía es tan rigurosa, que todos los rabinos ortodoxos deben ser casados para cumplir con sus deberes. Y, según los evangelios, Jesús era un rabino que enseñaba y predicaba en la sinagoga.

Si Jesús era casado, como debe haberlo sido de acuerdo a la tradición judía, ¿por qué los evangelios no mencionan este hecho importante? ¿O en realidad lo mencionaron pero el segmento luego fue borrado por los primeros padres de la iglesia? Eso explicaría la abrupta transición en la vida de Jesús de un capítulo al siguiente, cuando aparece como un hombre de treinta años después de ser mencionado con sólo doce años de edad.

Si Jesús era casado, ¿con quién se casó? ¿Tuvo hijos? Podemos tomar unos hechos interesantes de los evangelios, que ofrecen tentadoras posibilidades, o tal vez probabilidades. Estos tienen que ver con dos de los apóstoles de Jesús. Antes de que nombrara los doce conocidos, Jesús escogió cuatro discípulos, que fueron Pedro y su hermano Andrés, y Santiago y Juan, los hijos de un pescador llamado Zebedeo y su esposa Salomé. Esta última no fue la Salomé de reprensible recuerdo que hizo decapitar a San Juan Bautista. Los evangelios no se extienden mucho en ella.

Hay algunos hechos curiosos acerca de Juan y Santiago. Juan, quien escribió el cuarto evangelio, fue, según él mismo, el "discípulo que Jesús amó". En la última Cena, reclinó la cabeza en el pecho de su maestro. En el evangelio de San Marcos (3:17), Jesús distinguió más a Santiago y Juan llamándolos Boanerges, una palabra griega que significa "hijos del trueno". Algunos eruditos han concluido a través de la exégesis que este término se refería al entusiasmo de los hermanos, pero el evangelio no dice así. Debemos determinar lo que Jesús quiso decir llamando hijos del trueno a Santiago y Juan. El trueno y los relámpagos son tradicionalmente asociados con Dios. ¿Jesús quería dar a entender que los hermanos tenían una conexión con él?

Pero tal vez el relato más fascinante sobre Santiago y Juan es el que aparece en el evangelio de San Mateo 20:20. Mateo lo llama la petición de la madre de Santiago y Juan. La narrativa bíblica es citada aquí en su totalidad:

Entonces se le acercó la madre de los hijos de Zebedeo con sus hijos, postrándose ante él y pidiéndole algo. Él le dijo: "¿qué quieres?". Ella le dijo: "ordena que en tu reino se sienten estos dos hijos míos, el uno a tu derecha y el otro a tu izquierda". Entonces Jesús respondiendo, dijo: "no sabéis lo que pedís. ¿Podéis beber del vaso que yo he de beber?". Y ellos le dijeron: "podemos". Él les dijo: a la verdad, de mi vaso beberéis, pero el sentaros a mi derecha y a mi izquierda, no es mío darlo, sino a aquellos para quienes está preparado por mi Padre.

Sin duda, esta es la petición más inusual hecha por la madre de alguno de los discípulos de Jesús, a menos que creyera que sus hijos tenían un derecho inalienable a tan extraordinario honor, tal como un derecho hereditario. Si Santiago y Juan fueran hijos de Jesús, entonces sería perfectamente comprensible que su madre considerara muy natural y justa esa petición.

Si Santiago y Juan eran hijos de Jesús, eso explicaría por qué los llamó "hijos del trueno", también su marcada preferencia por Juan, el "discípulo que él amó", y la inclinación de éste sobre el pecho de Jesús en la última Cena. Además, en la crucifixión, mientras Jesús estaba en la cruz, dijo a María: "mujer, he ahí tu hijo", refiriéndose a Juan, que estaba junto a ella. Luego le dijo a Juan: "he ahí tu madre". Y desde aquella hora, dice el evangelio (Juan 19:27), el discípulo la recibió en su casa. Esta última muestra de preferencia parece indicar un vínculo familiar entre María y Juan. Entre las mujeres que esperaron con María en el pie de la cruz se encontraba Salomé, la madre de Santiago y Juan. San Mateo y San Marcos dicen esto; este último es el único que la nombra como Salomé. Más adelante en el evangelio de San Juan, él dice que antes de su muerte, Jesús caminaba con Pedro, y Juan estaba siguiéndolos. Pedro le dijo a Jesús: "Señor, ¿y qué de éste?". Y Jesús respondió: "si quiero que él quede hasta que yo venga, ¿qué a ti?". Esto hizo que los seguidores de Jesús pensaran que Juan no moriría, algo que éste niega en el evangelio (Juan 21:22). Pero claramente Jesús quería que Juan permaneciera con él hasta el final.

Las edades de Santiago y Juan son muy importantes si han de ser considerados, aunque teóricamente, como los hijos de Jesús. Juan era claramente muy joven, tal vez tenía 15 ó 16 años; sabemos esto porque él murió en Éfeso en el año 101. Si tenía 15 años en la crucifixión, eso indicaría que murió a los 87 años de edad. Santiago era mayor, lo cual significa que puede haber tenido 16 ó 17 años. Si Jesús se casó a los 13 años, Santiago y Juan podrían concebiblemente ser sus hijos.

¿Pero qué hay de Zebedeo, a quien los evangelios nombran como el padre de Santiago y Juan? De los evangelios se obtiene muy poca información acerca de este pescador. ¿Pudo su nombre haber sido usado para ocultar la paternidad de Jesús? Zebedeo viene de la palabra hebrea zebed, que significa un obsequio, una porción de algo dada a otra persona. ¿Fueron Juan y Santiago "dados a alguien más", una persona inexistente conocida como Zebedeo, para ocultar el hecho de que Jesús era el verdadero padre?

Hay valiosas conclusiones que se sacan de la evidencia de los evangelios; sólo podemos teorizar. Jesús puede o no haber sido el padre de Santiago y Juan. Pero una cosa es clara: los dieciocho años perdidos de Jesús no son casualidad. Algo fue expurgado de los evangelios, algo que, dejado intacto, habría revelado a Jesús como hombre, su humanidad, su verdadera esencia, y lo que lo identificaría no sólo como el Hijo de Dios, sino como el Hijo del Hombre.

3

EL PADRE

En el principio creó Dios
los cielos y la tierra,
y la tierra estaba sin forma y vacía,
y las tinieblas estaban sobre la faz del abismo.

—GÉNESIS I

Cuando Jesús habló del Padre en los evangelios, se estaba refiriendo al Todopoderoso Creador mencionado en el libro del Génesis. Pero, es interesante observar que Jesús no describió a Dios en los evangelios; mencionó sólo al Padre y su relación con su Padre, y también incluyó sus discípulos como hijos de Él, pero no se extendió en la verdadera esencia de Dios —quién o qué era en realidad—. La mayoría de las veces, cuando alude al ser divino, lo cual hace pocas veces, lo llama el Señor tu Dios (Mateo 4:7,10). No hay duda de que habló con sus discípulos más detalladamente del Creador y sus poderes, pero estas enseñanzas no fueron reveladas en los evangelios. Eran enseñanzas secretas, y sólo podemos captar algunos de sus detalles a través de la oración cabalística conocida como el padrenuestro o paternóster y algunas de las instrucciones de Jesús a sus discípulos. Veremos la oración y otras enseñanzas en un capítulo posterior.

El libro del Génesis comienza con las palabras "en el principio creó Dios los cielos y la tierra". Pero la cábala tiene una asombrosa revelación acerca de esta creación; dice que la fuerza cósmica eterna, inmanente, omnisciente y omnipotente que identificamos como Dios, *no* creó el universo. En realidad, Dios, el ser esencial del cual procede todo, nunca es mencionado en la Biblia.

El hebreo original en el cual fue escrito el Génesis, usa las siguientes palabras transcritas para describir la creación: "Berashith bera Elohim . . ."

El significado de estas palabras es: "En el principio creó Dios . . ." El nombre de Dios empleado en esta frase es Elohim; pero Elohim no es Dios. El verdadero nombre de Dios es Ain Soph, y éste nunca aparece en las escrituras bíblicas.

Lo que dice la cábala es que Ain Soph emanó a Elohim para que esta fuerza emanada creara el universo. La creación indirecta de Ain Soph ocurrió porque su energía es muy poderosa y necesitaba ser "diluida" para que el proceso creativo tomara lugar.

Por lo tanto, Elohim, el "Dios" mencionado en el Génesis, es una creación de Ain Soph y no es realmente "Dios" en el sentido cósmico de la palabra. En toda la Biblia, Dios es llamado de muchas formas; encontramos Dios, el Señor, el Señor Dios y otros términos similares. En el hebreo original aparecen nombres específicos para Dios, tales como Elohim, Eheieh, Adonai y el Tetragrammaton o Yaweh. Este último, a menudo pronunciado erróneamente como "Jehová", es tan sagrado que los judíos nunca lo profieren. Se conoce como el nombre de cuatro letras de Dios —de aquí el término griego *Tetragrammaton*, que literalmente significa el "gran nombre de cuatro letras"—. En tiempos antiguos, sólo era pronunciado una vez al año por el sumo sacerdote en el sanctasanctórum del templo.

Cada nombre o título de Dios se refiere a una cualidad específica o serie de cualidades de la fuerza creativa esencial.

La cábala da una descripción muy detallada de la creación; dice que antes de que Ain Soph decidiera manifestar su esencia a través de la creación, sólo existía su luz omnipenetrante extendiéndose en todo el vacío. En realidad, hay un aspecto mayor de Ain Soph, conocido sólo como Ain, o ilimitado, que precede la luz de Ain Soph. Ain es energía indiferenciada, pensamiento puro, donde no hay nada excepto conciencia sublime. Ain expresó esta conciencia como la luz de Ain Soph.

Pero Ain Soph sabía que, siendo el todo, tenía que restringir su luz para manifestar su esencia. Por lo tanto, creó un vacío dentro de sí mismo, y a través de este espacio proyectó un solo rayo de su luz, que se conoció como Ain Soph Aur. El rayo de luz atravesó el vacío en una serie de diez esferas o círculos concéntricos que después fueron llamados Sephiroth. La suma de los Sephiroth era la entidad divina llamada Elohim; de este modo, podemos decir que los Sephiroth crearon el universo.

Los diez Sephiroth son conocidos colectivamente en la cábala como el árbol de la vida. Pero la luz de Ain Soph aún era demasiado fuerte para ser manifestada como un mundo material. Por lo tanto, Ain Soph repitió este proceso cuatro veces; cada grupo de Sephiroth era menos fuerte que el que lo precedía. En la cábala estos se conocen como los cuatro mundos.

El primer mundo es conocido como Atziluth o mundo de emanación; el segundo es Briah, el mundo de creación; el tercero es Yetzirah, el mundo de formación; y el cuarto es Assiah, el mundo de acción. Este último corresponde al universo físico que conocemos. Los cuatro mundos fueron emanados porque el poder de Ain Soph es tan incomprensiblemente inmenso, que, por necesidad, una gran distancia debe separarlo de nosotros. Para conservar nuestras identidades separadas en el mundo material —Assiah—, tenemos que existir a una distancia inmensurablemente grande de Ain Soph, o de otra manera seríamos aniquilados.

Cada uno de estos cuatro mundos está compuesto de un árbol de la vida con sus diez Sephiroth correspondientes. Veremos en detalle el árbol de la vida en otro capítulo.

La cábala menciona también un quinto mundo, y éste es Ain Soph. Hay una indicación de la existencia de estos cinco mundos en el Génesis, y es el hecho de que la palabra "luz" aparece cinco veces antes de que el primer día es creado. Primero "Dios" —Elohim— creó la luz y hubo luz; luego vio la luz, la dividió de la oscuridad y finalmente la llamó "día". Este proceso fue seguido por el resto de la creación. Pero la creación no paró en ese momento; la cábala enseña que es un proceso continuo. Ain Soph emana su luz continuamente, y de este modo la creación es renovada por Dios cada billonésima de billonésima de segundo. Si él retirara su esencia por un instante, todo —desde las galaxias más grandes hasta las partículas subatómicas más pequeñas— dejaría de existir, y revertiría a Ain Soph.

Los físicos dicen que el universo tiene una edad de aproximadamente 15 mil millones de años. Es interesante observar que hace 700 años un renombrado cabalista, conocido como Isaac de Acco, concluyó que este era precisamente el número de años que habían pasado desde la creación. Él llegó a tal conclusión basándose en uno de los versículos del salmo 90, que de acuerdo a una antigua tradición, fue escrito por Moisés. El versículo 4 de este salmo dice: "Porque mil años delante de tus ojos son como el día de ayer cuando ha pasado". De este versículo, el rabino Isaac dedujo que un "día de Dios" corresponde a mil años del hombre. El génesis dice que la creación consistió en siete días. La cábala enseña que hubo siete ciclos de creación, y cada uno duró siete mil años. Ahora estamos viviendo en el séptimo ciclo que se inició con la creación de Adam. Los primeros seis ciclos antes de Adam fueron contados en años de Dios; el séptimo ciclo es contado en años del hombre porque empezó cuando la humanidad fue creada. Un "año de Dios" es igual a 365.000 años del hombre; seis ciclos de siete mil años cada uno suman 42.000. Si multiplicamos 365.000 por 42.000 obtenemos 14.330.000.000, más la edad del actual ciclo, que, en 2003, según el calendario judío, es 5.764. El calendario judío cuenta el tiempo desde la creación de Adam, que de acuerdo a la tradición ocurrió hace 5.764 años.

Hay suficiente evidencia concurrente entre lo que dice la física y la cábala acerca de la creación. En mi primer libro sobre el tema, *Cábala para el Mundo Moderno*, trato en detalle los paralelos entre la ciencia y la cábala.

De este modo, tenemos un universo de 15 mil millones de años creado por una fuerza que está fuera de la comprensión humana, conocida como Ain Soph, a través de su emanación de Elohim. ¿Qué sucedió después?

Cuando Ain Soph creó un vacío en medio de su luz omnipenetrante, este espacio era oscuro y no tenía forma. Esta es la oscuridad a la que se refiere el Génesis y que "Dios" —Elohim— separó de la luz. En la cábala, la oscuridad es equiparada con el mal, pero éste no es "malo" en el concepto cabalístico; es simplemente una separación de Dios, de su luz. ¿Por qué creó Dios la oscuridad o maldad? Para responder esa pregunta debemos hurgar más en el acto de creación mismo.

Cuando la gran energía de Dios en forma de luz atravesó la oscuridad, hizo círculos concéntricos, los Sephiroth. Éstos también son conocidos como recipientes; lo que contenían era la luz de Ain Soph. Pero el poder de la luz era tan inmenso que se quebraron por la presión. Algunos de los pedazos o fragmentos de estos recipientes cayeron al abismo, otros se unieron y formaron de nuevo los recipientes. Los que se reunieron, fueron conocidos como *partzufim*.

La palabra *partzufim* viene del término griego *partzuf*, que significa "persona". Partzufim es plural y se refiere al hecho de que los recipientes o Sephiroth, al reunirse, lo hicieron en cinco grupos. Los tres primeros partzufim correspondieron a los tres primeros Sephiroth del árbol de la vida, de los cuales cada uno se convirtió en un partzuf. El cuarto partzuf fue formado por el cuarto hasta el noveno Sephiroth; el quinto fue el décimo Sephiroth o esfera. Los cinco partzufim están incorporados en Elohim. De este modo, podemos decir que los Sephiroth, como Elohim, crearon el universo. Es interesante observar que Elohim es una palabra plural y que en el hebreo original se compone de cinco letras. En la cábala, estas cinco letras representan los partzufim. Pero aunque los diez Sephiroth se quebraron y algunos de sus fragmentos fueron reformados como los partzufim, en la cábala continúan existiendo y todavía son llamados Sephiroth. Los cabalistas explican esta incongruencia por el hecho de que estos eventos ocurrieron en una dimensión espiritual donde el tiempo no existe. En esta dimensión, una vez que algo existe, es para siempre; por lo tanto, aquí las esferas del árbol de la vida pueden existir simultáneamente como los Sephiroth y los partzufim.

Los fragmentos de los recipientes que cayeron en la parte inferior del árbol de la vida fueron conocidos como Qlifot. Estos pedazos formaron otro árbol, un reino del mal poblado con fuerzas oscuras.

Surge una pregunta obvia respecto a la rotura de los recipientes. ¿Por qué Ain Soph envió tanta fuerza a estos recipientes? ¿Cómo pudo Ain Soph, que es omnisciente y omnipotente, no saber que los recipientes se romperían por tan inmensa presión? La respuesta es que lo sabía; pero si sabía que se romperían, ¿por qué les envió tanta luz?

La cábala enseña que el principal propósito de Ain Soph en este imponente plan cósmico era la parte última y quintaesencia de la creación: la humanidad. Y Ain Soph, por su gran amor por ésta, quiso darle el más grande de los dones divinos, el del libre albedrío. Pero para poseer libre albedrío, los seres humanos debían tener la capacidad de distinguir entre el bien y el mal, donde este último es entendido como la separación de Dios. Por lo tanto, Ain Soph empezó creando la oscuridad del vacío que lo separó de su luz. Luego, cuando el rayo de luz, conocido como Ain Soph Aur, atravesó la oscuridad, permitió que los Sephiroth o recipientes de luz se rompieran para que algunas de sus partes cayeran en pedazos y crearan el Qlifot. Esto le dio a cada ser humano la elección entre el bien y el mal. Cada Sephiroth representaba una cualidad divina en el hombre, mientras las fuerzas del Qlifot representaban sus tendencias negativas. Dependía de cada individuo escoger con su libre albedrío entre el bien —como los diversos Sephiroth del árbol de la vida— y el mal, como las diversas esferas del árbol Qlifótico.

Los cabalistas enseñan que el Génesis presenta dos creaciones. El primer relato de la creación es dado en el capítulo 1, mientras el segundo aparece en el capítulo 2. El capítulo 1 muestra un plan de creación, como se formó en la mente de "Dios", Elohim; mientras el capítulo 2 lleva a cabo la visión del Creador en el mundo físico. Pero aun más importante, en el primer capítulo, o plan detallado de la creación, Dios dice: "hagamos al hombre a nuestra imagen". Luego el Génesis dice: "Dios creó al hombre a su imagen, a la imagen de Dios lo creó, macho y hembra los creó". Dos cosas son de inmediato obvias en este relato. Primero, Dios habla en plural; dice "hagamos al hombre a nuestra imagen"; luego procede a crear un hombre y una mujer. La versión cristiana de esta parte del Génesis es que Dios estaba con Jesús durante la creación. Claramente se ve que no es así, porque Dios creó un hombre y una mujer "a nuestra imagen". Esto nos indica dos cosas: que Dios no estaba solo durante esta creación, y que Dios es masculino y femenino. Obviamente, Jesús no era el principio femenino que fue parte del Creador en este relato.

La cábala explica el Génesis 1 de manera dual. Elohim —"Dios"— es un término plural; se refiere a los Sephiroth que forman a Elohim, y que son diez Sephiroth o cinco como los partzufim. Eso explica "las palabras en plural" que aparecen en Génesis 1, pero también alude al aspecto femenino de Dios, que se conoce en la cábala como la Shekinah, que también es identificado como el Espíritu Santo.

En el concepto cristiano de la Santísima Trinidad, se dice que este misterio está conformado por el Padre, el Hijo y el Espíritu Santo. Tradicionalmente, las iglesias cristianas siempre se han referido al Espíritu Santo como "él", pero cabalísticamente es una fuerza femenina, y de este modo sería la Madre en la Trinidad. Esto tiene sentido, porque cómo puede haber un padre y un hijo sin una madre. Veremos el concepto de la Shekinah y el Espíritu Santo en el siguiente capítulo.

Después de crear el hombre y la mujer en el capítulo 1 del Génesis, Dios les dio como alimento "toda vegetación que da semilla" y "todo árbol cuyo fruto da semilla". La cábala enseña que este mandamiento fue observado hasta Noé; sólo después los seres humanos empezaron a comer carne de animales.

También fue en este tiempo, antes de que fueran dados a Moisés los 613 estatutos que conforman la Tora, que los humanos observaban las siete leyes de Noé (vea Génesis 9). Estas leyes son:

1. No matarás.

2. No robarás.

3. No practicarás la idolatría.

4. No cometerás delitos sexuales, especialmente incesto.

5. No tomarás en vano el nombre de Dios.

6. No comerás la carne de animal vivo.

7. Establecerás un sistema de ley donde vivas.

La sexta ley de Noé es interpretada significando que los seres humanos no deben ser crueles con los animales, pero en realidad prohíbe el consumo de carne animal. La séptima da a entender el establecimiento de un sistema legal, incluyendo jueces y una forma de gobierno.

Después de la creación del hombre y la mujer en Génesis 1, encontramos que Elohim, ahora llamado el "Señor Dios", todavía está en un modo creativo. En Génesis 2 no había plantas en la tierra porque no había hombre que cultivara el suelo. Por eso el Señor Dios procedió a formar al hombre del polvo y a soplar en sus narices el aliento de vida. Luego plantó un jardín al Este del Edén y allí puso al hombre. Después hizo crecer del suelo todo árbol "deseable a la vista de uno y bueno para alimento", y también el árbol de la vida en medio del jardín, y el árbol del conocimiento del bien y del mal. De acuerdo a la cábala, este último es la columna media del árbol de la vida (vea el esquema del árbol de la vida en el capítulo 5). Por lo tanto, los dos árboles son en realidad uno.

Después de poner al hombre en el jardín, el Señor Dios le dijo que podía comer de todo árbol excepto el árbol del conocimiento del bien y del mal, porque de otra manera moriría. Luego creó del suelo toda bestia salvaje del campo y toda ave de los cielos, y las trajo a Adam para ver cómo las había de llamar. Hasta este momento, el Génesis no ha nombrado al hombre creado por el Señor Dios; sólo cuando él le pide que nombre a los animales, el hombre es identificado como Adam.

Adam significa "hombre", pero la cábala enseña que hay un misterio oculto en este nombre. Adam está compuesto de la palabra *Dam*, que en hebreo significa "sangre", y la letra Aleph (א), que simboliza el principio de vida y muerte, la "chispa" de la creación. Para los cabalistas, la unión entre Aleph y Dam, que forma la palabra Adam, es un símbolo de un pacto de sangre que ha de ser establecido entre el hombre y Dios. Por eso todos los convenios entre los seres humanos y el Creador, ejemplificados en el rito de la circuncisión, son pactos de sangre. Por la misma razón en el Antiguo Testamento todos los varones primogénitos se decía que pertenecían a Dios. Los israelitas eran instruidos para que sacrificaran en favor de Dios todos los machos primogénitos de su ganado. El sacrificio de Isaac para Dios que casi se realiza, puede ser visto como parte de esta tradición, pues se trataba del primogénito de Abraham con su esposa Sara.

El nombramiento de los animales por parte de Adam y el nombre de Adam mismo son de gran importancia cabalística, porque sólo conociendo el nombre de algo o alguien se puede identificar y conceptualizar. Para meditar en algo o alguien, debemos saber su nombre a fin de identificarlo. Esto es de especial importancia con los diversos nombres de Dios, porque la cábala enseña que el nombre de algo o alguien es ese individuo o cosa. Por lo tanto, Dios es identificado con su nombre; en otras palabras, según la cábala, Dios y su nombre —o nombres— son uno.

Después que Adam nombró a todos los animales, el Señor Dios hizo caer sobre él un sueño profundo, tomó una de sus costillas, y de ella creó la primera mujer, Eva. El mismo Adam la llamó Eva "porque era la madre de todo lo viviente".

En este punto de la narración del Génesis, la serpiente es introducida y descrita como la más astuta de todas las bestias del campo que el Señor Dios había creado. Esto da a entender que la serpiente era un ser muy especial. La palabra hebrea para "serpiente" es *nachash*, pero también significa "encantador" o "mago". Según las enseñanzas cabalísticas, la serpiente era en realidad mágica; era una entidad espiritual muy alta que actuaba en el nivel de Yetzirah, el mundo de formación. La nachash o serpiente estaba en el jardín del Edén para tentar a Eva, por las propias instrucciones del Señor Dios, quien quería poner a prueba a ella y Adam. Como tenían el don del libre albedrío, podían escoger entre obedecer o desobedecer a su Creador, quien a su vez deseaba saber cuál sería la elección. Por eso envió la nachash para tentar a Eva y, a través de ella, a Adam. Pero la serpiente, en su entusiasmo por llevar a cabo las instrucciones de Dios, hizo más que sólo tentarla. La forzó a comer del fruto prohibido porque el argumento que usó fue muy convincente; le dijo que si comía del árbol sería igual que el Señor Dios. Ahora, no había algo que Eva quisiera más que acercarse al Creador, y ser como él le pareció la forma perfecta de lograrlo. Por consiguiente, comió del fruto y dio parte del mismo a Adam. Pero ellos no debían comer del árbol; eso no era lo que el Señor Dios le había dicho a la nachash que hiciera. Sólo tenía que tentar a Eva, no obligarla a desobedecer con tan irresistible argumento. Por eso el Creador castigó a la serpiente; no es que haya hecho algo que no debía, el problema es que lo hizo demasiado bien, saliéndose de sus instrucciones.

La enseñanza de la cábala respecto a la capacidad de los ángeles de hacer el mal se basa en el mismo concepto. Los cabalistas dicen que los ángeles tienen un libre albedrío muy limitado y no tienden a hacer el mal. Pero a veces, en su entusiasmo por hacer la voluntad del Creador, se sobrepasan, como lo hizo la nachash, hacen más de lo que se les dijo. Aquí es cuando los ángeles caen; no caen por odiar a Dios, sino porque desean acercársele, ser como él, como Eva quería ser. Esto explica también la caída de los ángeles relatada en el libro de Enoc (vea Charlesworth, *Old Testament Pseudoepigrapha*).

El castigo de Adam y Eva por su desobediencia fue ser desterrados del Edén. Luego el Señor Dios hizo túnicas de piel y los vistió. Estas prendas de piel fueron cuerpos físicos, porque antes de pecar, Adam y Eva eran seres totalmente espirituales. Ahora eran mortales y condenados a vivir como seres humanos corrientes.

Debería ser claro en la narrativa del Génesis que Adam no fue el primer hombre creado. El primer hombre aparece en el capítulo 1. El Señor Dios creó a Adam y Eva como seres especiales, como prototipos; su misión divina era servir como ejemplos de santidad para el resto de la raza humana. Pero por un acto de libre albedrío perdieron su condición divina, y por eso el Creador los expulsó del Edén, "para que no coman del árbol de la vida y vivan para siempre".

Sabemos que Adam y Eva no eran los primeros seres creados porque cuando fueron enviados a la Tierra, ésta ya estaba poblada por mucha gente. Génesis 4 dice que después de matar a su hermano Abel y ser marcado por el Señor Dios en la frente, Caín se dirigió a la tierra de Nod, donde "conoció" a su esposa con quien tuvo un hijo llamado Enoc. Éste también se casó, al igual que sus hijos y nietos. Después, Caín edificó una ciudad que llamó Enoc por el nombre de su hijo. Si Adam y Eva fueron los primeros seres humanos creados por Elohim,

¿de dónde provino la esposa de Caín? ¿De dónde provenían las esposas de sus hijos y nietos? ¿Y cómo pudo Caín construir una ciudad si no había gente para habitarla?

De acuerdo a la cábala, la creación de los primeros humanos por Elohim en Génesis 1 tomó lugar durante el sexto ciclo antes del ciclo séptimo o de Adam. Estos seres humanos eran equivalentes al hombre primordial que existió varios millones de años antes que Adam. A través del proceso evolutivo, que la cábala reconoce como parte de la creación, estos primeros humanos avanzaron y se desarrollaron hasta el ciclo séptimo o de Adam, que podemos identificar como la edad del bronce. Aquí es cuando el calendario judío empieza a corresponder con las diversas genealogías de los patriarcas que empiezan con Adam. No es que los judíos crean que el mundo comenzó hace seis mil años; fue la creación de Adam por el Señor Dios lo que ocurrió en ese momento de la historia humana.

Del precedente relato cabalístico, podemos ver que el Padre al que Jesús se refería, según los evangelios, no era Dios sino Elohim. Pero Jesús usó pocas veces el término Dios o Elohim en los evangelios; prefería llamar al "Padre" el Señor tu Dios. En Génesis 1, el Creador es aludido como Dios —esto es, Elohim—; pero en Génesis 2, después de descansar el séptimo día, ya no es Dios, sino el Señor Dios. En hebreo, "el Señor Dios" es el Tetragrammaton, común y erróneamente conocido como Jehová. Por lo tanto, fue Jehová, "El señor Dios", quien creó a Adam y Eva; es la manifestación de Ain Soph en el séptimo ciclo. El hecho de que Jesús prefiriera llamar Señor Dios al Padre, como aparece en Génesis 2, indica que él sabía la diferencia entre Dios —Elohim— y el Señor Dios —Jehová—. Como esta es una enseñanza cabalística, podemos deducir que sin duda Jesús conocía la cábala, y que para él era Jehová, y no Elohim, quien había creado a Adam y Eva, los antepasados de la humanidad que vemos actualmente. Por lo tanto, el Padre de la humanidad y de Jesús es el Señor Dios, el Tetragrammaton, Jehová.

4

EL ESPÍRITU SANTO

El Espíritu Santo vendrá sobre ti,
y el poder del Altísimo
te cubrirá con su sombra; por lo cual también,
el Santo Ser que nacerá,
será llamado Hijo de Dios.
—ARCÁNGEL GABRIEL (LUCAS 1:35)

Como vimos en el capítulo anterior, la palabra *Elohim* es plural; está compuesta del singular femenino ALH (pronunciado "Eloh") e IM. Debido a que IM es la terminación del plural masculino, adicionado al sustantivo femenino hace de Elohim una potencia femenina unida a un principio masculino, y de este modo capaz de producir una descendencia. La "descendencia" en este caso, es el universo creado. El concepto cristiano de Santa Trinidad se relaciona con esa enseñanza cabalística. El Padre, Hijo y Espíritu Santo son en realidad Padre, Hijo y Madre. En la cábala, Elohim es visto como el Padre y la Madre manifestándose simultáneamente para producir el Hijo, que puede ser identificado con la creación, cielo y tierra.

De acuerdo a la teología cristiana, el Espíritu Santo es esencialmente masculino, pero la palabra hebrea usada en las escrituras para indicar espíritu es Ruach, un sustantivo femenino.

El principio femenino de Dios también es conocido en la cábala como la Shekinah, la gran Madre cósmica en cuya fértil matriz fue concebido el universo. Como vimos antes, la Luz Infinita, que es Dios no manifestado, es conocida como Ain (negatividad). Ain Soph (lo ilimitado) es el "recipiente de la luz infinita de Ain. El rayo de luz que procede de Ain

Soph es Ain Soph Aur (la luz ilimitada). Estos tres planos de no manifestación de Dios son conocidos como los *velos de existencia negativa*.

La principal característica de Ain es dar. Debido a que Ain es ilimitado y es el todo, no recibe, porque es todo; sólo puede dar. Por lo tanto, limitó su propia luz en el recipiente de Ain Soph. Ain Soph es visto cabalísticamente como un principio femenino, porque puede recibir y contener. Pero sólo desea recibir para dar, comunicar. A fin de dar la luz para el propósito de la creación, Ain Soph refrenó su voluntad para recibir la luz de Ain, haciendo que toda la luz saliera de ella. Luego se convirtió en un círculo vacío dentro de la Luz Infinita, que la rodeó uniformemente, también en forma de círculo. Un delgado rayo de luz, Ain Soph Aur, se extendió de la Luz Infinita de Ain, y atravesó el círculo vacío formado por Ain Soph, creando los Sephiroth de los cuatro mundos que vimos antes. De la punta de luz que es Ain Soph Aur fue formado el hombre arquetípico o mundo de arquetipos conocido como Adam Kadmon, el cuerpo de Dios. Este es el quinto y más alto mundo.

La cábala tiene una enseñanza interesante respecto a la creación relatada en el libro del Génesis. El primer capítulo de éste en el hebreo original comienza con la palabra *Berashith*, que significa "en el principio". Esta palabra empieza con la letra hebrea Beth, que significa "recipiente". La cábala enseña que dicha letra fue escogida por Dios mismo para iniciar la narrativa en el Génesis porque representa a Ain Soph, el recipiente perfecto a través del cual fue confinada la luz de Ain.

Por lo tanto, vemos que Ain es un principio masculino, y Ain Soph, el recipiente de luz, un principio femenino. Los cabalistas llaman a los dos principios, Ain y Ain Soph, la luz y su contenedor, "Él y su nombre". Debido a que Ain Soph es el medio por el cual es manifestada la luz de Ain, es visto como los primeros vestigios de la Divinidad y de este modo es percibido como Dios.

Así como la esencia divina de Dios es femenina y masculina, pasa lo mismo con Elohim, la primera manifestación palpable de la luz divina. Por lo tanto él/ella creó el universo conforme a su esencia en perfecta dualidad, positiva y negativa, masculina y femenina. Desde el protón (positivo) y el electrón (negativo) que forman el núcleo del átomo, hasta el macho y la hembra de cada especie, todo en el universo sigue este patrón dual. Lo masculino es considerado positivo porque da su semilla, y lo femenino es visto como negativo o pasivo porque recibe la semilla, la contiene en su matriz y la gesta.

Por consiguiente, de acuerdo al concepto cabalístico del universo, el cosmos tiene una cualidad dual; esto es, se compone de un principio positivo (masculino) y uno negativo (femenino), balanceados por un tercero, que es el resultado de su unión. La esencia resultante y equilibrante es conocida como Methequela, el universo creado. La unión entre los principios masculino y femenino que forma Dios para el propósito de manifestación o creación, puede ser vista como un paralelo del acto sexual.

De este modo, el protón inicial que existió en el principio, puede ser visto como una forma de esperma cósmico que fecundó el electrón inicial y formó el huevo cósmico del cual, después de un período de gestación de miles de millones de años, el universo "nació".

El concepto maravilloso de un universo creado como resultado de una copulación cósmica en un plano divino, no necesita forzar la imaginación. Sólo debemos observar las leyes naturales que nos rodean para reconocer cómo todo en el universo observable —desde el nacimiento de las galaxias hasta el milagro de la electricidad, la dualidad del día y la noche, la polinización de las flores, y la impregnación de animales y seres humanos— está basado armoniosamente en un principio negativo-positivo. Y si, como lo dice el Génesis, el hombre fue creado a imagen de Dios, la unión sexual también debe ser un atributo del Creador, aunque en un plano cósmico superior.

Como hemos visto, la Shekinah, también conocida como la Matrona, es el aspecto femenino de Dios en el plano material. Como aspecto masculino, la Divinidad se manifiesta como el Tetragrammaton o Jehová. El nombre Elohim significa la unión de los aspectos femenino y masculino del Creador.

El misterio de la Shekinah es uno de los más celosamente guardados en la doctrina cabalística; su esencia es intensamente sexual, y se dice que flota en el aire sobre la cama matrimonial cuando la pareja está teniendo relaciones sexuales. Reside sólo en una casa donde un hombre esté unido a una mujer, donde el acto sexual tome lugar entre marido y mujer. La Shekinah es la novia divina, la amada de Jehová, el novio divino.

Para los cabalistas, el acto sexual es un sacramento divino y sagrado; los hombres y mujeres que no sean activos sexualmente o no quieran procrear, son considerados estériles espiritualmente.

El concepto de virginidad como un estado bendito es impensable para un cabalista o devoto hebreo. Los antiguos hebreos daban gran importancia al matrimonio a temprana edad porque creían, al igual que los cabalistas, que el acto marital acerca al hombre a Dios y que el placer sentido por la pareja durante el abrazo sexual es compartido por la Shekinah, quien flota sobre el lecho matrimonial.

La Shekinah también es llamada la hija del rey y la novia divina, pero además es la hermana y la madre de la humanidad. Es la arquitecta del universo creado, actuando en virtud de la Palabra que Dios le profirió en el momento de la creación. La Palabra o Verbo fue concebida o engendrada en acción por la Shekinah, así como un niño es concebido y parido por una mujer. Por eso ella siempre está presente cuando se concibe un hijo.

De acuerdo a la cábala, hay momentos específicos en que las relaciones sexuales deben ser realizadas para la exaltación y gloria de Dios. En el caso de personas corrientes, las relaciones conyugales deben tomar lugar después de la medianoche, porque la tradición dice que es entonces cuando Dios desciende al paraíso y por lo tanto en ese momento la santificación es abundante. Los "hijos de la doctrina", esto es, los judíos ortodoxos y cabalistas, deben aplazar sus relaciones maritales hasta la noche del sabbat, cuando la Divinidad está unida con Israel.

Cuando un hijo es concebido, el rey celestial y su Shekinah proveen el alma, mientras el hombre y la mujer proporcionan el cuerpo. Por lo tanto, hay una unión dual que toma lugar en el momento de la concepción: en el plano metafísico, el de los aspectos masculino y femenino de Dios, y en el mundo fenomenal, el del hombre y la mujer.

De lo anterior podemos ver que la Shekinah es el Espíritu Santo de la Trinidad cristiana. En Mateo 12:32, Jesús habla del pecado imperdonable: "A cualquiera que dijere una palabra contra el Hijo del Hombre, le será perdonado; pero al que hable contra el Espíritu Santo, no le será perdonado, ni en este siglo ni en el venidero". Cualquier blasfemia u ofensa contra el Espíritu Santo no será perdonada porque es la Shekinah, la amada de Jehová. La Shekinah, o Espíritu Santo, nunca ofende; su único propósito es dar de su esencia; es el principio de compasión y amor divino. Por lo tanto, pecar contra ella es imperdonable a los ojos de Dios.

Cuando el arcángel Gabriel se le apareció a María y le dijo que el Espíritu Santo vendría sobre ella y el poder del Altísimo la cubriría con su sombra, se estaba refiriendo a la Shekinah, quien siempre está presente cuando un hijo es concebido. Era la Shekinah quien vendría sobre María para cubrirla con su sombra; él no se refería a un nacimiento "virginal" que sería innatural y estaría en contra del principio de Elohim. Por lo tanto, a la luz de la cábala, el concepto de María concibiendo a Jesús por obra y gracia del Espíritu Santo, no significaba que éste la haría concebir sola. María concebiría a Jesús por la gracia del Espíritu Santo, *al igual que todas las mujeres que conciben un hijo*, porque, como hemos visto, la Shekinah siempre debe estar presente durante la concepción.

El concepto de Inmaculada Concepción parece derivarse de una traducción errónea de la palabra hebrea *na'arah*, que significa "una joven mujer". Los profetas del Antiguo Testamento predicaron que una na'arah concebiría y daría a luz al Mesías. Pero esta palabra no significa virgen; el término hebreo para virgen es *betulah*, y no aparece en ninguna parte en los libros proféticos de la Biblia. De algún modo, la versión del Septuaginto o traducción griega de la Biblia hebrea, de donde provienen las demás traducciones, tradujo erróneamente la palabra "na'arah" como virgen. Por eso los primeros pensadores cristianos se vieron obligados a creer que Jesús, como el Mesías, había nacido de una virgen.

De ahí surgió el mito del Espíritu Santo como la chispa divina que hizo que María concibiera a Jesús.

El único evangelio que habla de Jesús siendo concebido antes de que José y María "se juntaran" es el de San Mateo. Lucas menciona la Anunciación de Gabriel pero no va más allá. Marcos y Juan presentan a Jesús como un adulto y pasan por alto el parto virginal de María. Por lo tanto, sólo el evangelio de San Mateo introduce la idea de la Inmaculada Concepción. Es fácil comprender que los primeros padres cristianos, queriendo reforzar el concepto de Jesús como el Mesías, decidieron adicionar a la narrativa del evangelio la inquietud de José acerca del embarazo de María, además del ángel que se le apareció en un sueño para decirle que el hijo concebido por ella era del Espíritu Santo. Además, también es en este evangelio que se cita la profecía acerca de una "virgen" (na'arah) concibiendo un hijo que iba a ser llamado Emanuel. Esta es claramente la profecía concerniente al Mesías, que no habló de una virgen sino de una joven mujer dando a luz al salvador.

La tradición mesiánica afirma claramente que el Mesías es el Hijo del Hombre, no el Hijo de Dios. A lo largo de los evangelios Jesús se refiere a sí mismo como el Hijo del Hombre; nunca da a entender que es el único hijo de Dios, a quien constantemente alude como el Padre. Al contrario, habla de Dios no solo como "mi Padre" sino también como "tu Padre", refiriéndose con claridad al hecho de que Dios es el Padre de todos los seres humanos, no sólo él. En ninguna parte en el evangelio Jesús alude a él mismo abiertamente como el Hijo de Dios; tampoco habla de sí mismo como Dios, un concepto que quizás lo habría consternado.

La tradición mesiánica también dice que el Mesías morirá y que su hijo continuará su misión. Esto da a entender de inmediato que si Jesús es considerado como el Mesías, debe haber tenido al menos un hijo. Si Juan Evangelista fue en realidad hijo de Jesús, eso cumpliría más claramente la profecía mesiánica, porque Juan continuó la obra de Jesús, diseminando su mensaje y escribiendo el cuarto evangelio y el libro de la Revelación.

Otro factor importante a considerar respecto al Mesías es que su linaje debía ser rastreado hasta David y Abraham. Esto sólo podría ser hecho a través del padre, nunca a través de la madre. Es interesante observar que es el mismo evangelio de San Mateo el que traza la genealogía de Jesús a través de José hasta David y Abraham. Según San Mateo, todas las generaciones desde Abraham hasta David son catorce; desde David hasta la deportación a Babilonia, catorce generaciones; y desde la deportación a Babilonia hasta el Cristo (el Mesías), catorce generaciones (Mateo 1:17). ¿Pero cómo podría ser trazada la genealogía de Jesús a través de José si éste no fue su padre?

Esta discrepancia manifiesta entre el "parto virginal de María" y el linaje de Jesús ha sido paliado por las iglesias cristianas. Algunas intentan trazar la genealogía de Jesús a través de su madre, algo que nunca pudo ser de acuerdo a la tradición judía. Otras recurren a la idea de que José adoptó a Jesús y eso explica la genealogía; pero adoptar un hijo no significa que él tenga los genes de su padre adoptivo. Una genealogía a través de la adopción es totalmente infundada.

Por lo tanto, la cábala nos dice que el Espíritu Santo —la Shekinah— está presente en cada concepción, que la concepción de un hijo debe ocurrir por la unión física entre un hombre y una mujer, que la palabra *na'arah* usada para describir la madre del Mesías no se refiere a una virgen, y que la genealogía de Jesús es trazada a través de José. Todo esto significa que Jesús nació por una unión natural entre María y José, su marido, quien fue el padre biológico de Jesús. No hubo mancha ni vergüenza en esta concepción; fue natural, normal y bendecida por el Espíritu Santo, al igual que todas las uniones entre un hombre y su mujer.

Los padres cristianos no sólo estaban resueltos a testificar que Jesús nació de un parto virginal, también insistieron en que José y María permanecieron en este estado virginal durante toda la vida. Desafortunadamente, para este testimonio adicional de virginidad perenne, todos los evangelios, desde San Mateo hasta San Juan, mencionan el hecho de que Jesús tuvo hermanos, lo cual contribuye a probar que José y María tenían una relación normal de marido y mujer. Marcos menciona hermanos de Jesús en el capítulo 3:31, Lucas en 8:19, y Juan en 7:3. Incluso Mateo, quien introdujo el concepto de Inmaculada Concepción, no estuvo dispuesto a perpetuar la virginidad de María y José; él también habla de hermanos de Jesús en el capítulo 12:46.

Si Jesús era el Mesías, tuvo que cumplir todas las profecías mesiánicas, nacer de un parto normal, estar casado, y tener al menos un hijo que continuara su misión. No podemos decir que Jesús nació de un parto virginal y fue célibe toda la vida, y al mismo tiempo afirmar que él fue el Mesías. Si lo fue, entonces debió serlo de acuerdo a la antigua tradición judía.

El mismo Jesús creía que era el Mesías. Este mensaje es encontrado a lo largo de todos los evangelios. En Juan 4:25, la mujer samaritana le dijo que sabía que el Mesías iba a venir. Jesús le dijo: "yo soy, el que habla contigo". Si Jesús pensaba que era el Mesías, debe haber observado la tradición mesiánica que claramente decía que debía estar casado y tener un hijo.

Tal vez la más importante de las profecías es que el Mesías no haría nada por cambiar la Tora —la ley mosaica—. Como vimos en el capítulo 2, después de la crucifixión, Pablo y sus seguidores quebrantaron muchos de los estatutos de la Tora; dejaron a un lado la leyes dietarias, cambiaron el sabbat del sábado al domingo, convirtieron días de ayuno en días de fiesta, y en general despreciaron la estructura rabínica. Estas ofensas, más los otros detalles antimesiánicos en la vida de Jesús propuestos por los primeros cristianos, convencieron a los rabinos de que él no pudo haber sido el Mesías. Pero el mismo Jesús no alteró la Tora; en realidad, como ya hemos visto, dijo que no venía a abrogar la ley sino a cumplirla. Él era un rabino ortodoxo que enseñaba en las sinagogas; se habría escandalizado por las acciones de Pablo y sus seguidores. Por lo tanto, su afirmación de que era el Mesías, debe ser considerada seriamente. Muchos de los profetas del Antiguo Testamento previeron la venida de Jesús como el Mesías. Entre ellos estaban Isaías 53:3,8; Miqueas 5:2; el salmo 22 de David, y Daniel 9:26. Daniel llegó a profetizar que el Mesías sería ejecutado antes de la destrucción del segundo templo. Éste fue destruido por los romanos en el año 70, cuatro décadas después de la crucifixión (vea Josephus, *Works of Josephus*).

Cuando Jesús estaba en la cruz, hizo alusión al salmo 22 para hacer entender a sus seguidores presentes que él era el Mesías. Lo que hizo fue clamar: "Dios mío, Dios mío, ¿por qué me has abandonado?" (Mateo 27:46). Muchas personas que no han estudiado a profundidad las escrituras creen que la fe de Jesús se debilitó en ese momento. Incluso quienes se dice que conocen la Biblia, a veces interpretan mal esta exclamación de Jesús. Una vez, durante un sermón en misa cantada, oí a un monseñor católico referirse a dicho suceso como una prueba de la humanidad de Jesús. Incluso Jesús, dijo él, tuvo un momento de debilidad en la cruz.

Pero Jesús no tuvo un momento de debilidad; él estaba citando directamente el salmo 22, que empieza con esas palabras exactas: Dios mío, Dios mío, ¿por qué me has abandonado? La relevancia de este salmo para Jesús como el Mesías no puede ser acentuada demasiado. Quien escribió esas palabras fue David, el último Mesías antes de Jesús. Y luego en dicho salmo David dice, "horadaron mis manos y mis pies; repartieron entre sí mis prendas de vestir y sobre mi ropa echaron suertes". Todas estas cosas fueron hechas a Jesús durante la crucifixión. En el salmo 22, David profetizó lo que le sucedería a él, el Mesías, en una futura encarnación. Por esta razón Jesús citó el comienzo del salmo en la cruz.

El Mesías está inextricablemente ligado a la cábala. En los capítulos siguientes veremos el simbolismo de la cruz en la cábala cristiana y a Jesús como el heredero de la tradición mesiánica.

PARTE II

CÁBALA

5

EL ÁRBOL DE LA VIDA

Y dijo el Señor Dios:
"He aquí el hombre es como uno de nosotros,
sabiendo el bien y el mal, y ahora,
para que no alargue su mano
y tome también del árbol de la vida,
y coma y viva para siempre . . ."
—GÉNESIS 3

El árbol de la vida —Etz Hayim— es un modelo del universo creado; está hecho de las energías divinas de Ain Soph manifestadas en el mundo físico. Todo lo que existe en el cosmos, desde las galaxias más brillantes hasta el más pequeño grano de arena, es encontrado en el árbol de la vida. Por esta razón, el árbol ha sido comparado con un archivador gigantesco; en muchas formas, es la suma de todo lo que existe. Es realidad, es conciencia, es la esencia del ser. Más allá de la realidad física del universo —el árbol de la vida—, es la luz infinita de los tres velos de existencia no manifestada: Ain, Ain Soph, y Ain Soph Aur, que comúnmente conocemos como Dios. Al igual que un artista que se para frente a una obra maestra terminada a fin de ver su trabajo y tal vez darle unos toques finales, Dios observa el universo desde fuera de sus límites y decide cómo mejorarlo. Como un artista, puede destruir su obra o perfeccionarla. Esto es hecho por Dios a través de la continua efusión de su luz sobre su creación.

El árbol de la vida es la manifestación del impulso creativo de Dios a través del punto de luz que es Ain Soph Aur. La gama completa de existencia física está contenida en ese solo átomo de luz divina. Participar

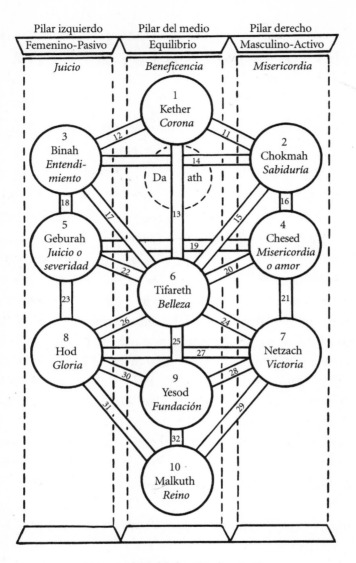

Figura 1: *El árbol de la vida y los caminos*

44

del árbol de la vida es participar de la luz infinita de Dios; es ser eterno como el Creador. Por eso el Señor Dios sacó a Adam del jardín del Edén, "para que no coma del árbol de la vida y viva para siempre"

El árbol de la vida está hecho de diez Sephiroth o esferas, conocidos individualmente como Sephiras. Estos diez Sephiroth se dividen en tres columnas (vea la figura 1) y también están conectados por líneas conocidas como "caminos". Éstos representan las veintidós letras del alfabeto hebreo, pero la cábala habla de treinta y dos caminos; los diez adicionales son los Sephiroth mismos. Colectivamente, son conocidos como los treinta y dos caminos de la sabiduría.

Mientras los diez Sephiroth representan diferentes etapas de manifestación de la luz infinita y de este modo de la evolución, los veintidós caminos son vistos como fases de la conciencia subjetiva por medio de la cual el alma reconoce la manifestación cósmica.

Vimos anteriormente que Dios es llamado con muchos nombres en las escrituras; cada uno se refiere a un aspecto o poder diferente de la Divinidad. Cada uno de los Sephiroth cae bajo la égida de uno de los nombres de Dios, un orden angélico y un arcángel. Cada Sephira representa una actividad humana y un rasgo de personalidad, un principio cósmico, y también es identificado con una parte del cuerpo humano (vea la tabla 1). El árbol de la vida es visto como el cuerpo de Dios —Adam Kadmon—, y también es identificado con el cuerpo humano. Adam Kadmon es visto como el macrocosmo, y el hombre como el microcosmo (ver Figura 2).

Los Sephiroth se conocen como emanaciones numéricas y son símbolos de las formas abstractas de los números del uno al diez. También son conocidos como las diez emanaciones sagradas. La columna derecha del árbol es llamada pilar de la misericordia, al cual se le atribuye la potencia masculina-activa. La columna izquierda se conoce como el pilar del juicio o severidad, al cual se le atribuye el principio femenino-pasivo. La columna de en medio, también conocida como el pilar del balance o el equilibrio, es el factor de armonización que mezcla y armoniza los pilares izquierdo y derecho.

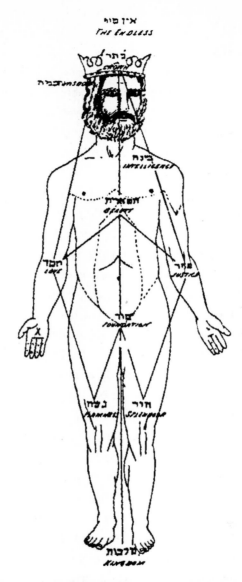

Figura 2: Adam Kadmon, el cuerpo de Dios
Los Sephiroth del árbol de la vida están marcados en la figura.

CORRESPONDENCIAS GENERALES
DEL ÁRBOL DE LA VIDA

Sephiroth	Planeta	Correspondencias físicas	Símbolos	Imagen	Virtud	Vicio
1. Kether	Primeros remolinos	Cráneo	Punto, esvástika	Rey barbado de perfil	Realización	—
2. Chokmah	Zodiaco	Lado derecho de la cara	Falo, línea recta	Hombre barbado	Devoción	—
3. Binah	Saturno	Lado izquierdo de la cara	Copa, órganos sexuales femeninos	Una matrona	Silencio	Avaricia
4. Chesed	Júpiter	Brazo derecho	Orbe, tetraedro	Rey con trono y corona	Obediencia	Tiranía
5. Geburah	Marte	Brazo izquierdo	Pentágono, espada	Guerrero en su carro de guerra	Valor	Destrucción
6. Tiphareth	Sol	Pecho	Cubo	Rey majestuoso, un niño, rey sacrificado	Dedicación a la Gran Obra	Soberbia
7. Netzach	Venus	Lomo, cadera y pierna derechos	Rosa, lámpara, faja	Mujer desnuda encantadora	Altruismo	Lujuria
8. Hod	Mercurio	Lomo, cadera y pierna izquierdos	Nombres, versículos, delantal	Hermafrodita	Veracidad	Deshonestidad
9. Yesod	Luna	Órganos reproductivos	Perfumes, sandalias	Hombre hermoso desnudo	Independencia	Holgazanería
10. Malkuth	Tierra	Pies, ano	Cruz de brazos iguales	Mujer joven, con corona y trono	Discernimiento	Pereza

Tabla 1

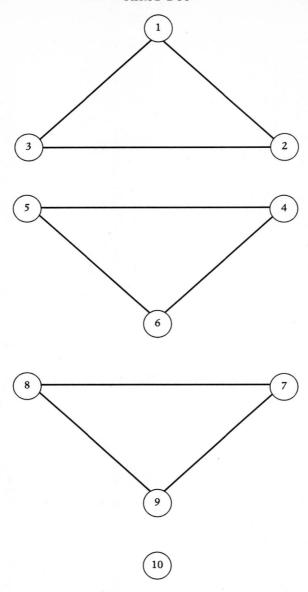

Figura 3: Las tríadas del árbol de la vida

Cada Sephira es en esencia andrógino o "bisexual" porque es femenino o receptivo para el Sephira que lo precede, y masculino o transmisivo para el que lo sigue.

El pilar del medio controla la efusión de las energías positivas o negativas que proceden de los Sephiroth del pilar derecho o izquierdo. El pilar derecho, o de la misericordia, tiene la cualidad de "otorgamiento ilimitado", mientras el pilar izquierdo, o del juicio, tiene la cualidad de "restricción ilimitada". Si un ser humano, en virtud de una buena acción, merece el otorgamiento de energía positiva del pilar de la misericordia, éste dará de su esencia interminablemente. Por otra parte, el pilar del juicio restringiría este flujo y la persona no recibiría la cantidad justa de energía positiva que se merecía por la buena acción. El pilar de en medio equilibra estas energías.

El pilar del equilibrio actúa como mediador para controlar el pilar derecho y el izquierdo a fin de asegurar que sea asignada la medida de misericordia apropiada.

Los diez Sephiroth están divididos entre los tres pilares como sigue: los Sephiroth 1, 6, 9 y 10 se ubican en el pilar medio; los Sephiroth 2, 4 y 7 están en el pilar derecho; y los Sephiroth 3, 5 y 8 se localizan en el pilar izquierdo. Los Sephiroth también forman tres "tríadas" o triángulos (vea la figura 3). La primera tríada está formada por los Sephiroth 1, 2 y 3, también conocidos como los supernos; la segunda por los Sephiroth 4, 5 y 6; y la tercera por los Sephiroth 7, 8 y 9. El décimo Sephira aparece solo. Como podemos ver en la figura 3, la primera tríada apunta hacia arriba mientras las otras dos lo hacen hacia abajo. Esto significa que los primeros tres Sephiroth, o supernos, pertenecen a una dimensión espiritual más elevada que la de los otros siete, y están fuera del alcance de un ser humano normal. El número siete en la visión cabalística del universo está relacionado con los siete días de la creación, los siete días de la semana y los siete planetas de los antiguos.

Los diez Sephiroth fueron emanados de Ain Soph en el siguiente orden (vea la tabla 2):

ESCALAS DE COLORES
DEL ÁRBOL DE LA VIDA
EN LOS CUATRO MUNDOS

Sephira	Atziluth escala del rey	Briah escala de la reina	Yetzirah escala del emperador	Assiah escala de la emperatriz
1. Kether	Brillo	Brillo blanco	Brillo blanco	Blanco, puntos dorados
2. Chokmah	Azul claro	Gris	Gris iridiscente	Blanco, punteado con rojo, azul, amarillo
3. Binah	Carmesí	Negro	Café oscuro	Gris, punteado con rosado
4. Chesed	Violeta	Azul	Morado	Azul, punteado con amarillo
5. Geburah	Naranja	Rojo	Escarlata	Rojo, punteado con negro
6. Tiphareth	Rosado	Amarillo	Salmón	Ámbar
7. Netzach	Ámbar	Verde esmeralda	Amarillo verdoso	Oliva, punteado con dorado
8. Hod	Violeta	Naranja	Rojo ladrillo	Negro amarilloso, punteado con blanco
9. Yesod	Índigo	Violeta	Morado oscuro	Citrino, punteado con azul
10. Malkuth	Amarillo	Citrino, oliva, canelo, negro	Citrino, oliva, canelo, negro, punteado con dorado	Negro, rayado con amarillo

Tabla 2

I. KETHER—CORONA

Este primer Sephira es la fuente de los otros nueve. Se le atribuye el número uno, que abarca en sí mismo los otros ocho números de la escala decimal; es indivisible pero definible. Y ya que la definición proyecta una imagen o duplicado del objeto definido, encontramos que por reflexión de sí mismo, el número uno proyecta los otros números. Por lo tanto, es llamado el "padre de los números" y es una imagen apropiada del Padre de todas las cosas.

Entre los diversos nombres dados a Kether se incluyen oculto de lo oculto, el gran semblante, el punto primordial, el punto dentro de un círculo, Macroprosopos, y antiguo de antiguos. El nombre divino atribuido a esta esfera es Eheieh (AHIH), que significa "yo soy el que soy" y fue dado a Moisés desde el arbusto en llamas. Su arcángel es Metraton, quien lleva a otros seres frente a la faz de Dios. En algunas tradiciones, el orden angélico es Chaioth ha Qadesh o seres vivientes santos, mientras en otras es el Orden de los Serafines.

El color asociado a Kether es el brillo blanco, y proviene de la escala de colores briática atribuida al mundo de Briah, también conocido como el mundo de creación. Cada uno de los cuatro mundos tiene su propia escala de colores (vea la tabla 2).

La correspondencia física de Kether es la coronilla. La imagen telesmática —un concepto visual de una fuerza cósmica o espiritual— asociada a Kether es la de un anciano rey barbado visto de perfil. La "corona" es un atributo real puesto sobre la cabeza del monarca. Este Sephira también es conocido como la cabeza que no está. En todo este simbolismo vemos claras correspondencias con la cabeza humana, que, en el mundo de ideas arquetípicas, representa el más alto nivel de conciencia. La "cabeza que no está" es una clara imagen de una superconciencia que yace fuera del plano de la experiencia humana y no puede ser abarcada entre los límites del cerebro. Es la corona, la sabiduría, que adorna la frente del rey barbado, quien es Adam Kadmon, la primera manifestación de la luz divina.

ÁRBOL DE LA VIDA Y
SUS CORRESPONDENCIAS SAGRADAS

Sephira	Título	Nombre de Dios	Arcángel	Coro angélico
1. Kether	Corona	Eheieh	Metraton	Chaioth ha Qadesh
2. Chokmah	Sabiduría	Jehovah	Ratziel	Auphanim
3. Binah	Entendimiento	Jehovah Elohim	Tzaphkiel	Aralim
4. Chesed	Misericordia	El	Tzadkiel	Chasmalim
5. Geburah	Severidad	Elohim Gebor	Kamael	Seraphim
6. Tiphareth	Belleza	Jehovah elo ve Daath	Rafael	Malachim
7. Netzach	Victoria	Jehovah Tzabaoth	Haniel	Elohim
8. Hod	Gloria	Elohim Tzabaoth	Miguel	Beni Elohim
9. Yesod	Base	Shaddai El Chai	Gabriel	Cherubim
10. Malkuth	Reino	Adonai Ha Aretz	Sandalphon	Ishim

Tabla 3

La esfera de operación de Kether, su primera manifestación, se conoce como Rashith ha-Gilgalim, el primer móvil que da vida a todas las cosas en el universo.

Kether está fuera de la experiencia humana; su esencia no puede ser comprendida por la mente humana. En este Sephira no hay forma, sólo ser puro, porque todavía no hay diferenciación en un par de opuestos.

Para tener un concepto adecuado de este estado informe de existencia, podemos visualizarlo como un vacío, un espacio interestelar, que sin embargo contiene todo el potencial de vida.

Otro nombre dado a Kether es los primeros remolinos, lo cual da a entender la actividad de la energía cósmica en el tiempo de la creación. De estos "primeros remolinos" nació el segundo Sephira, Chokmah, el primero diferenciado en uno de los dos modos de existencia, masculino y femenino.

2. CHOKMAH—SABIDURÍA

Esta es una esfera masculina-activa a la cual se le atribuye el número dos. También se conoce como Aba, el Padre, a quien la Madre —Binah, el tercer Sephira— está unida.

Entre los nombres dados a Chokmah están el Padre superno, poder del Yetzirah, y Yod del Tetragrammaton. El nombre de Dios es Jehová, la sabiduría divina ideal. El arcángel es Raziel, el príncipe del conocimiento oculto, y el orden de ángeles es Auphanim, o ruedas, también conocido como orden de Cherubim (querubines).

El color atribuido a Chokmah es el gris aperlado. La imagen telesmática es una figura masculina barbada. Su esfera de operación es Masloth, el cielo estrellado, donde determina las formas de todas las cosas; su correspondencia física es el lado derecho de la cara.

Si comparamos a Kether con un punto, podemos comparar a Chokmah con una línea, que es la extensión de un punto en el espacio. Esta línea recta o "vara de poder levantada" puede ser igualada con el falo, que es uno de los símbolos de este Sephira.

Chokmah es esencialmente dinámico, porque dentro de él yace la semilla de toda creación. Su cualidad es la sabiduría, que implica conocimiento y entendimiento perfecto. Es significativo que la cualidad asignada al tercer Sephira (Binah) sea el entendimiento.

3. BINAH—ENTENDIMIENTO

Este Sephira es una potencia femenina-pasiva, conocida como Ama —la madre estéril oscura— y Aima —la madre fértil clara, que está unida eternamente a Aba, el padre (Chokmah), para el mantenimiento del orden del universo—. Binah es la Madre superna, el aspecto femenino de Dios como Elohim; es vista como la Madre de todo lo viviente, la matriz arquetípica a través de la cual se manifiesta toda vida. Binah también se conoce como Khorsia (el trono) y Marah (el gran mar), que es raíz de María, la Madre bendita del cristianismo.

El número atribuido a Binah es el tres. El nombre divino es Jehovah Elohim, la perfección de la creación y la vida del mundo por venir. El arcángel es Tzaphkiel, el príncipe de la lucha espiritual contra el mal. El orden de ángeles es Aralim, los fuertes y poderosos, también conocido como Orden de los Tronos.

El color atribuido a Binah es el negro, descrito como una oscuridad densa que vela la gloria divina en la cual están ocultos todos los colores. Su esfera de operación es Shabbathai, o reposo, donde da forma a las fuerzas del caos.

Binah es asociado con el planeta Saturno; su imagen telesmática es la de una matrona o mujer madura; su correspondencia física es el lado izquierdo de la cara.

Mientras Chokmah es fuerza dinámica, Binah es forma, contenedor de la fuerza. La primera letra de Binah es Beth, que, como hemos visto, es el símbolo de todos los recipientes.

En Binah y Chokmah tenemos los dos primeros aspectos polarizantes de la manifestación, el Padre y la Madre supernos, de los cuales nació el universo. Juntos, son Elohim, el Creador del que habla el Génesis; son los dos bloques primordiales de vida, protón y electrón, que constituyen todos los aspectos de la creación. En este primer par de Sephiroth yace la clave del sexo, porque representan los opuestos biológicos; ocurren no sólo en espacio sino también en tiempo. Los vemos en los períodos alternantes en nuestra vida, en las mareas, en nuestros procesos fisiológicos y los asuntos internacionales. Los ciclos alternantes de actividad y pasividad, construcción y destrucción, son la interacción de estos opuestos eternos. Es interesante observar en este contexto que uno de los símbolos de Binah es el planeta Saturno, también identificado como Cronos o Tiempo.

Mientras la sabiduría es la cualidad de Chokmah, el entendimiento es la de Binah. La sabiduría sugiere conocimiento completo e infinito, mientras el entendimiento se refiere a la capacidad de comprender los conceptos de la sabiduría. El Padre lo conoce todo, pero la Madre entiende todo.

Kether, Chokmah y Binah forman la primera tríada del árbol de la vida.

4. CHESED—MISERICORDIA

Chesed es potencia masculina-activa emanada de Binah como consecuencia de su unión con Chokmah. Chesed también se conoce como Majestad y Gedulah, que significa "grandeza" o "magnificencia". Su cualidad es la misericordia o amor en un nivel cósmico superior.

El número atribuido a Chesed es el cuatro. El nombre divino es El, el Dios fuerte y poderoso, que gobierna en gloria, magnificencia y gracia. El arcángel es Tzadkiel, el príncipe de la misericordia y la beneficencia, y el orden de ángeles es Chasmalim, los brillantes, también conocido como Orden de Dominios o Dominaciones.

El color de Chesed es el azul vivo; su esfera de operación es Tzedek, donde forma las imágenes de cosas materiales, dando paz, amor y misericordia. Es asociado con el planeta Júpiter; su imagen telesmática es la de un rey poderoso con corona y trono; su correspondencia física es el brazo derecho.

Chesed es el primer Sephira que puede ser concebido por la mente humana, porque es la concepción de los conceptos abstractos formulados por los tres supernos, Kether, Chokmah y Binah.

Mientras Chokmah puede ser comparado con el Padre omnisciente, el que engendra todo, Chesed es visto como el Padre amoroso, protector, perdonador y generoso. Debido a que Chesed está justo debajo de Chokmah en el pilar derecho, podemos ver que refleja las cualidades paternales de ese Sephira en un nivel físico inferior.

Entre los tres supernos y los otros siete Sephiroth hay un espacio conocido en la cábala como el abismo, y es la demarcación de diversos grados de conciencia. Los tres supernos representan los estados más elevados de conciencia que rebasan el conocimiento humano. Los Sephiroth inferiores funcionan dentro de la esfera de las ideas y como tales son los que podemos captar con nuestra conciencia normal. Para comprender la esencia abstracta de los Sephiroth superiores, tenemos que cruzar el abismo, lo cual implica trascender la limitación de nuestra personalidad consciente a fin de alcanzar el yo superior, el gran inconsciente.

5. GEBURAH—FUERZA, SEVERIDAD

Este Sephira es una potencia femenina-pasiva emanada por Chesed. Los títulos dados a esta esfera son Din (justicia) y Pachad (temor).

A Geburah se le atribuye el número cinco. El nombre divino es Elohim Gebor, el Dios poderoso y terrible, quien castiga el mal y gobierna con cólera y terror. El arcángel es Khamael, el príncipe de la fuerza y el valor, y el orden angélico es Seraphim (serafines) o serpientes ardientes, también conocido como Orden de las Potestades.

El color de Geburah es el rojo y la esfera de operación es Madim, donde trae fuerza, guerra, justicia y venganza; su imagen telesmática es un guerrero poderoso en su carruaje; su correspondencia física es el brazo izquierdo; es asociado con el planeta Marte.

Geburah es el más enérgico y disciplinado de los Sephiroth; su fuerza no es mala, a menos que su esencia se desborde de justicia a crueldad. Este es el simbolismo de Marte, el dios romano de la guerra y la lucha. Para los cabalistas, Geburah es esencialmente una fuerza conciliadora, una restricción del amor compasivo de Chesed. Sin el brazo fuerte de Geburah la misericordia de Chesed terminaría en locura, debilidad y cobardía. Por tal razón, Chesed y Geburah siempre deben actuar juntos para asegurar que la justicia sea moderada por la compasión.

Geburah es comparado con el fuego, que puede ser usado constructiva o destructivamente; su poder de destrucción puede ser restringido por el control cuidadoso de la llama. En Geburah también encontramos el elemento del temor reverencial, el "temor a Dios", que, de acuerdo a las escrituras, es necesario para la salvación.

6. TIPHARETH—BELLEZA

Este Sephira es una emanación de las energías de Kether y se localiza en el pilar del equilibrio o pilar medio, justo debajo del primer Sephira. Sus títulos son Zoar Anpin (el semblante menor), Melekh (el rey), Adam, el Hijo y el Hombre.

A Tiphareth se le atribuye el número seis y su color es el amarillo. El nombre divino es Jehovah Elo Ve Daath, un Dios de conocimiento y sabiduría que gobierna el universo con amor y paz. El arcángel es Rafael, el príncipe de la brillantez, belleza y vida. El orden de ángeles es Malachim, los reyes angélicos, también conocido como Orden de las Virtudes.

La esfera de operación de Tiphareth es Shemesh, la luz solar, donde da vida, salud y brillantez; sus imágenes telesmáticas son un niño, un rey majestuoso y un dios sacrificado; su correspondencia física es el pecho. Este Sephira se asocia con el Sol y Jesucristo.

En Tiphareth vemos que por la unión de Chesed y Geburah (misericordia y justicia), obtenemos belleza o clemencia, lo cual completa la segunda tríada del árbol de la vida.

Tiphareth es el centro de equilibrio del árbol; como tal, es un eslabón, un punto de transición. Kether, el primer Sephira, es la chispa divina en la cual existe la semilla de manifestación. Los siguientes cuatro Sephiroth —Chokmah, Binah, Chesed y Geburah— representan el yo superior. Tiphareth es el punto de conexión entre estos Sephiroth, o el yo superior, y los cuatro Sephiroth inferiores, que representan el yo inferior o personalidad consciente.

Dos de los símbolos atribuidos a Tiphareh son un niño y un dios sacrificado. En el niño vemos un comienzo que termina en el dios sacrificado para el propósito de transformación de lo material en lo divino. Este aspecto de Tiphareth es el punto de transmutación entre los planos de fuerza y los planos de forma.

7. NETZACH—VICTORIA

Netzach es una potencia masculina-activa, emanada de Tiphareth y Chesed; su título es firmeza.

El número atribuido a Netzach es el siete. El nombre divino es Jehovah Tzabaoth, un Dios de huestes y ejércitos, quien gobierna con triunfo y armonía. El arcángel es Anael, el príncipe del amor y la armonía. El orden de ángeles es Elohim o Dioses, también conocido como Orden de los Principados.

El color de Netzach es el verde, una combinación de los rayos amarillos y azules de Chesed y Tiphareth; su esfera de operación es Nogah, el esplendor externo, donde brinda amor, armonía y entusiasmo. Es asociado con el planeta Venus; su imagen telesmática es una mujer desnuda hermosa; su correspondencia física es la pierna y cadera izquierda.

Netzach representa los instintos y las emociones; es una esfera densamente poblada con las formas de pensamiento de la mente colectiva. De este modo, es esencialmente un plano ilusorio, donde las ideas arquetípicas todavía no han sido expresadas como formas.

El planeta Venus, atribuido a Netzach, también es un símbolo de la diosa romana del amor. Venus no es una diosa de fertilidad como Ceres y Perséfone; ella es pura emoción; y la esencia de esta emoción nunca es cristalizada en forma. De este modo, Netzach representa el lado instintivo y emocional de nuestra naturaleza.

8. HOD—GLORIA

Este Sephira es una potencia masculina-activa y es emanado de Tiphareth y Geburah.

El número de Hod es el ocho. El nombre divino es Elohim Tzabaoth, un Dios de multitudes, de alabanza y gloria, que rige el universo con misericordia y concordancia, sabiduría y armonía. El arcángel es Miguel, un príncipe de la presencia, de esplendor y sabiduría. El orden de ángeles es Beni Elohim, los hijos de los Dioses, también conocido como Orden de los Arcángeles.

El color de Hod es el naranja, una combinación de los rayos rojos y amarillos de Geburah y Tiphareth. Su esfera de operación es Kobab, la luz estelar, donde brinda conocimiento científico, claridad de lenguaje, excelencia en las comunicaciones y habilidad en las artes.

Hod es asociado con el planeta Mercurio; su imagen telesmática es un hermafrodita; su correspondencia física es la pierna y cadera derecha.

Hod es la base de los poderes intelectuales en los seres humanos; es la esfera donde las emociones e instintos de Netzach finalmente toman forma y entran en acción. Al igual que Chesed y Geburah, Hod y Netzach siempre deben funcionar juntos, porque así como el instinto o la emoción no puede manifestarse sin el poder creativo del intelecto, éste no se manifiesta sin las formas de pensamiento que surgen del instinto y la emoción.

En la cábala práctica, Hod es la esfera de la magia porque es el Sephira donde las formas son creadas. El cabalista prácticamente usa este Sephira para formular con su mente las imágenes de cosas que quiere conseguir en el mundo material. Debido a que Hod es el asiento del intelecto o mente humana, cualquier pensamiento proyectado desde Netzach a esta esfera puede ser impreso en la conciencia superior, que luego manifestará las imágenes formadas.

9. YESOD—BASE O FUNDAMENTO

Este Sephira está localizado en el pilar medio, justo debajo de Tiphareth; es emanado de la unión de Chesed y Geburah. Con Netzach y Hod forma la tercera y última tríada.

El número de Yesod es el nueve. El nombre divino es Shaddai El Chai, el Dios viviente todopoderoso. El arcángel es Gabriel, príncipe del cambio y el sustento. El orden de ángeles es Cherubim (querubines), también conocidos simplemente como ángeles.

El color atribuido a Yesod es el violeta, una combinación de los rayos rojos y azules de Geburah y Chesed. Su esfera de operación es Levanah, el rayo lunar, donde brinda fertilidad, visiones astrales, y aumento y disminución en asuntos humanos.

Yesod es asociado con la Luna; su imagen telesmática es un hombre desnudo hermoso y muy fuerte; su correspondencia física son los órganos reproductivos.

Yesod es el asiento de la intuición en los seres humanos; es la esfera de la luz astral y el receptáculo de las emanaciones de los otros Sephiroth. El propósito de Yesod es purificar y corregir estas emanaciones. Como la esfera de la Luna, Yesod refleja la luz del Sol de Tiphareth. Por esa razón, la luz de Yesod siempre se encuentra en un estado de flujo y reflujo porque la cantidad de luz solar que recibe crece y mengua en un ciclo de veintiocho días.

Debido a que Yesod es la esfera de la Luna, es regido por todas las diosas lunares, tales como Diana, la diosa Luna virgen de los romanos, e Isis, la diosa Luna fértil de los egipcios. La razón por la que la Luna es vista a veces como virgen y otras veces como una madre fértil, puede ser encontrada en sus ritmos cíclicos y el ciclo de la hembra de todas las especies.

Los ritmos lunares coinciden con los ciclos mensuales de una mujer que controlan cuándo puede ser fecundada (diosa fértil) y cuándo no (diosa virgen).

A Yesod también se le asigna el elemento agua porque las mareas lunares influyen en los océanos y los fluidos corporales en todos los seres vivientes. Esta influencia magnética de la Luna sólo puede actuar a través de la esfera de Yesod. Netzach, Hod y Yesod forman la tercera y última tríada del árbol.

IO. MALKUTH—REINO

Este último Sephira está formado por los rayos combinados de la tercera tríada, Tiphareth, Netzach y Hod. Por eso los colores de Malkuth son una mezcla de los colores de las tres esferas precedentes: citrino (Tiphareth y Netzach), oliva (Netzach y Yesod) y canelo (Hod y Yesod). Un cuarto color, el negro, es adicionado a estos tres y es el resultado de su síntesis. De este modo, los colores de Malkuth son cuatro: citrino, oliva, canelo y negro.

El número de Malkuth es el diez. Sus títulos son la puerta de la muerte, la puerta del jardín del Edén, la virgen, la reina, la madre inferior, la novia de Macroprosopos y la Shekinah. El nombre divino es Adonai Ha Aretz, el Señor y Rey, que gobierna el reino e imperio que es el universo visible. El arcángel es Sandalphon, el príncipe de la oración. El orden de ángeles es Ishim, o llamas de fuego, también conocido como Orden de las Almas Benditas.

La esfera de operación de este Sephira es Cholem Yesodoth, el quebrantador de la base y la esfera de los elementos, donde todas las cosas son formadas. Su imagen telesmática es una mujer joven con trono y corona; sus correspondencias físicas son los pies y el ano; es identificado como el planeta Tierra.

Malkuth es esencialmente la esfera de la humanidad, de sensación. También es el único Sephira que no forma parte de una tríada; por esa razón es visto por los cabalistas como un recipiente de las emanaciones de los otros nueve Sephiroth.

Malkuth es la base de la materia y también de los cuatro elementos de los antiguos: aire, fuego, agua y tierra. La física reconoce tres estados de la materia: sólido, líquido y gas. Estas tres formas corresponden a los elementos tierra, agua y aire; el elemento fuego está asociado a la electricidad. Los ocultistas clasifican todos los fenómenos físicos bajo estos cuatro elementos para comprender la naturaleza de los mismos.

La cualidad intrínseca de Malkuth es la estabilidad, la inercia de la materia que es como el vaivén de un péndulo que oscila rítmicamente en la eternidad.

Malkuth —la Tierra— es un mundo en sombras, porque es visto no sólo como el mundo de la materia, sino también como el mundo de los fragmentos caídos de los recipientes rotos. Otra razón por la que la Tierra está en oscuridad es que la Luna (Yesod) siempre se encuentra entre nuestro planeta y el Sol (Tiphareth). Por lo tanto, el Sol (Tiphareth) siempre está en eclipse desde la perspectiva de la Tierra (Malkuth).

Malkuth es asociado con la Shekinah porque se dice que la novia divina está exiliada en la Tierra como consecuencia de la caída de Adam y el rompimiento de los recipientes. Por consiguiente, la misión de la humanidad es elevar a su fuente inicial las chispas ocultas de la luz divina que yacen debajo de los fragmentos caídos. La humanidad puede hacer esto con sus buenas acciones, amor, compasión y todas las cualidades inherentes en cada uno de los Sephiroth. Sólo entonces la Shekinah terminará su exilio y regresará con su cónyuge divino. Este proceso de restauración es conocido como tikkun y es el propósito de la redención. Cuando un ser humano es consciente del significado del tikkun, todas sus acciones deben ser dirigidas hacia esta meta. Esto es especialmente cierto en rituales y meditaciones cuya intención mística se conoce como *kavvanah* . En la meditación, el kavvanah es usado para transformar la voluntad humana y unirla a la de Dios; de esta forma se logra la unidad de las cosas y la restauración del orden cósmico.

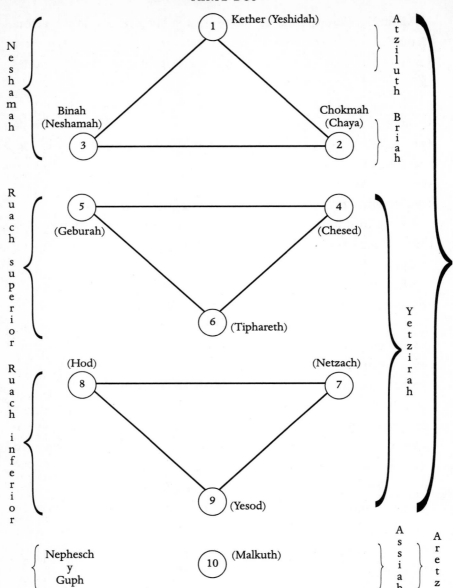

Figura 4: La estructura del cuerpo material (Guph) y las divisiones del espíritu

(Neshamah, Ruach superior, Ruach inferior) en las diez esferas del árbol de la vida.

Los triángulos son conocidos como tríadas y están formados con nueve de los Sephiroth. La décima esfera aparece sola, pues representa al mundo material. Los cuatro mundos cabalísticos, Atziluth, Briah, Yetzirah y Assiah, rigen las diversas divisiones del espíritu y el cuerpo material.

DAATH—EL SEPHIRA INVISIBLE

Oculta a medio camino entre las esferas de Binah y Chokmah se encuentra una esfera "invisible" llamada Daath, "conocimiento".

Cuando nos dirigimos a las escrituras y vemos que la unión física entre un hombre y una mujer es descrita como el hombre "conociendo" a la mujer, podemos entender las propiedades de Daath. Un ejemplo de esto es encontrado en Génesis 4:1: "Conoció Adam a su mujer Eva, la cual concibió y dio a luz a Caín".

La posición de Daath entre Chokmah y Binah, el Padre y la Madre supernos, hace evidente que el "secreto" cabalístico de su unión es el sexo, aunque en un plano superior. De la unión entre la sabiduría y el entendimiento nace el conocimiento. Este conocimiento, que es Daath, percibido en el plano material como la unión sexual entre un hombre y una mujer, es lo que hizo posible la transición de Binah de virgen (madre estéril oscura) a madre (madre fértil clara).

En el mundo arquetípico al cual pertenecen los tres supernos, el concepto de Daath no es de sexo en el sentido físico de la palabra, sino de realización e iluminación; es la unión de opuestos cósmicos para el propósito de la manifestación. En la tríada superna de Kether, Chokmah y Binah, tenemos la clave de nuestra cosmogonía.

Daath está ubicado en el pilar medio, entre las esferas de Kether y Tiphareth. Esta posición es importante porque significa que sólo por medio del conocimiento —conocimiento supremo— un ser humano puede trascender la conciencia y cruzar el abismo que separa los siete Sephiroth inferiores de los tres supernos, que simbolizan el inconsciente profundo o yo superior.

El árbol de la vida y las tríadas también se identifican con las divisiones del espíritu humano y el cuerpo físico (vea la figura 4). El yo superior o Neshamah es encontrado en la primera tríada, compuesta por Kether, Chokmah y Binah. Neshamah se compone de tres partes: Yeshidah, Chaya y el Neshamah inferior, identificados con Kether, Chokmah y Binah respectivamente. Estas tres partes del yo superior son vistas como grados del espíritu humano mientras desciende a materia desde la chispa inicial que es Dios. Yeshidah es parte del primer mundo cabalístico, Atziluth, el mundo de emanación. Chaya y el Neshamah inferior son parte del segundo mundo, Briah, el mundo de creación. Las tres partes de Neshamah son conocidas como el "gran fuego", el espíritu divino de un ser humano.

Debajo de Neshamah está el Ruach, o espíritu humano, y representa el primer aliento de vida divina; es el alma humana, con los primeros vestigios de sentimientos, emociones y razón. El Ruach es a veces dividido en Ruach superior (la segunda tríada) y Ruach inferior (la tercera tríada), y cae dentro de la égida del tercer mundo, Yetzirah, el mundo de formación.

El alma animal, los instintos y la fuerza vital del ser humano se conocen como el Nephesch. La energía física que mueve el cuerpo es Kuph Ha Guph, mientras el cuerpo físico es Guph. Los tres pertenecen a la última esfera —Malkuth— identificada con la Tierra y el cuarto mundo, Assiah, el mundo de acción.

La conciencia humana normal es una mezcla del Ruach inferior y el Nephesch. Desafortunadamente, algunos individuos actúan sólo a través del Nephesch, del cual son auténticos esclavos. Estas son personas impulsadas por sus instintos y necesidades más básicas, y pocas veces ponen atención a los niveles más altos de su conciencia. Son como Caín, quien mató a su hermano Abel, y cuando Dios le preguntó dónde estaba éste, respondió, "¿soy yo el guardián de mi hermano?"

El Ruach inferior tiene que ver con los sentimientos y la razón, pero en un nivel más personal. La persona corriente, que se ocupa de la solución de sus problemas cotidianos, que le interesa el estado de la sociedad y tiene esperanzas de un mundo mejor pero hace poco al respecto, actúa dentro del Ruach inferior pero siempre es influenciada fuertemente por el Nephesch.

Quienes comprenden que el estado del mundo es parte de su responsabilidad, sienten el dolor de otros y tratan de aliviar los males de la sociedad con un esfuerzo firme y concentrado, funcionan dentro del Ruach superior. Saben que son los guardianes de sus hermanos y actúan de acuerdo a ello. Estas personas también son influenciadas por el Nephesch pero lo mantienen bajo control. A menudo, sin saberlo, están realizando el trabajo de restauración conocido como tikkun, donde las chispas de luz ocultas bajo los fragmentos rotos son regresadas a su origen divino.

La cábala enseña que cada vez que rezamos y pedimos dirección divina, estamos pidiendo ayuda de nuestro Neshamah, o yo superior, que también es identificado con nuestro ángel guardián sagrado. Todos los rituales y meditaciones, sean o no cabalísticos, que son realizados en unión con la Divinidad, elevan el espíritu humano hasta el alto reino de Neshamah. Quienes continuamente se esfuerzan por alcanzar estados superiores de conciencia, meditan y oran constantemente y llevan vidas ejemplares, se dice que actúan en el nivel del Neshamah. Este es el estado más elevado al que un ser humano puede aspirar, y es identificado con la chispa divina emanada de Dios.

6

SUBIENDO EL ÁRBOL

El árbol de la vida
también estaba en medio del jardín,
y el árbol del conocimiento del bien y del mal.

—GÉNESIS 2:9

Como vimos en el capítulo anterior, los diez Sephiroth o esferas del árbol de la vida están conectados por veintidós líneas, conocidas como "caminos" (vea la figura 1). A cada uno de los caminos se le atribuye una de las letras del alfabeto hebreo. Por medio de estas líneas o caminos es posible "viajar" o subir por el árbol. El propósito es regresar a Dios, quien es simbolizado por el primer Sephira, Kether.

Hay muchas formas de usar los caminos para lograr la unión con la Divinidad. La más simple y rápida es directamente a través del pilar medio. Esta columna conecta a Malkuth (Tierra-reino) con Yesod (Luna-base), Tiphareth (Sol-belleza), la esfera oculta de Daath (conocimiento) y Kether (corona-Dios). Pero también es el camino más difícil porque requiere gran pureza de mente y espíritu, además de una firme determinación a ignorar el mundo material en la búsqueda de lo divino; esto no es fácil de lograr. Por tal razón, los cabalistas recomiendan "viajar" por los caminos que conectan las esferas, comenzando desde los Sephiroth inferiores hasta alcanzar los superiores.

Cada camino ilumina el espíritu humano a través de la influencia cósmica de la letra hebrea que lo rige. Cada letra tiene un significado específico y también representa un número. Los números atribuidos a las letras no tienen significado matemático. Cada letra y cada número son simplemente un ideograma, un símbolo de una fuerza cósmica. La

EL ALFABETO HEBREO

א	ב	ג	ד	ה	ו	ז	ח	ט
Aleph (A)	Beth (B)	Gimel (G)	Daleth (D)	He (H)	Vau (V)	Zayin (Z)	Cheth (CH)	Teth (T)
Buey	Casa	Camello	Puerta	Ventana	Clavo	Arma	Recinto	Serpiente
1	2	3	4	5	6	7	8	9
י	כ	ל	מ	נ	ס	ע	פ	צ
Yod (I)	Caph (K)	Lamed (L)	Mem (M)	Nun (N)	Samekh (S)	Ayin (O)	Pe (P)	Tzaddi (TZ)
Mano	Palma de la mano	Buey-aguijada	Agua	Pez	Soporte	Ojo	Boca	Anzuelo 90
10	20	30	40	50	60	70	80	
ק	ר	ש	ת	ד	ם	ז	ף	ע
Qoph (Q)	Resh (R)	Shin (SH)	Tau (TH)	Final Caph	Final Mem	Final Nun	Final Pe	Final Tzaddi
Parte detrás de la cabeza	Cabeza	Diente	Señal de la cruz					
100	200	300	400	500	600	700	800	900

Tabla 4.

interacción entre estas energías cósmicas toma lugar simultáneamente en el universo y la humanidad.

La cábala enseña que Dios creó el universo por medio del alfabeto hebreo. Las veintidós letras que forman el alfabeto son en realidad veintidós estados de conciencia de la energía cósmica, y son la esencia de todo lo que existe. Aunque representan números, símbolos e ideas, no pueden ser clasificadas con facilidad porque prácticamente son todas las cosas que nombran. Nuestras lenguas son derivadas sensualmente; esto es, han sido diseñadas para expresar las percepciones sensoriales, lo que vemos, tocamos y oímos. La palabra *house* en inglés significa "vivienda", lo mismo que *casa* en español o *haus* en alemán. Pero en hebreo, la letra Beth significa más que casa; es la esencia de casa; es el arquetipo de todas las viviendas o recipientes. Cada letra del alfabeto hebreo es un arquetipo cósmico de su significado y su número (vea la tabla 4).

Aleph (1), Beth (2), Gimel (3), Daleth (4), He (5), Vau (6), Zayin (7), Cheth (8), y Teth (9) son los arquetipos de los números del 1 al 9. Estas primeras nueve letras se proyectan en etapas más elevadas de manifestaciones por la adición de ceros. La siguiente serie de letras desde Yod (10) hasta Tzaddi (90) son estados exaltados de las primeras nueve letras. La tercera serie, desde Qoph (100) hasta Tzaddi final (900), representan los estados cósmicos más elevados.

El significado cósmico y material de las letras y el camino del árbol que representan son como sigue:

1. **Aleph**—número arquetípico 1. *Cósmico:* el principio dual que representa todo lo que existe y todo lo que no existe, lo positivo y negativo, vida y muerte. *Material:* guía, creación, dirección, impulso. Su símbolo es un buey. Camino 11, conectando el primer y segundo Sephiroth, Kether y Chokmah.

2. **Beth**—número arquetípico 2. *Cósmico:* el símbolo de todos los receptáculos y habitaciones, de cualquier cosa que "contiene". *Material:* protección, seguridad, supervivencia. Su símbolo es una casa. Camino 12, conectando el primer y tercer Sephiroth, Kether y Binah.

3. **Gimel**—número arquetípico 3. *Cósmico:* la actividad, el movimiento de existencia contenida y limitada o inexistencia, Aleph en Beth. *Material:* realización, esplendor, posesiones. Su símbolo es un camello. Camino 13, conectando el primer y sexto Sephiroth, Kether y Tiphareth.

4. **Daleth**—número arquetípico 4. *Cósmico:* el arquetipo de la existencia física. *Material:* justicia, ley, base, punto de partida. Su símbolo es una puerta. Camino 14, conectando el segundo y tercer Sephiroth, Chokmah y Binah, y atravesando Daath, la esfera oculta.

5.   **He**—número arquetípico 5. *Cósmico:* el principio de vida univer-
     sal. *Material:* vida, calor, reproducción. Su símbolo es una ventana.
     Camino 15, conectando el segundo y sexto Sephiroth, Chokmah
     y Tiphareth.

6.   **Vau**—número arquetípico 6. *Cósmico:* el arquetipo de todas las
     sustancias fertilizantes. *Material:* unión, asociación, dependen-
     cia, relaciones. Su símbolo es un clavo. Camino 16, conectando
     el segundo y cuarto Sephiroth, Chokmah y Chesed.

7.   **Zayin**—número arquetípico 7. *Cósmico:* el acto fertilizante com-
     pletado. *Material:* fuerza, violencia, potencia, efusión. Su símbolo
     es un arma. Camino 17, conectando el tercer y sexto Sephiroth,
     Binah y Tiphareth.

8.   **Cheth**—número arquetípico 8. *Cósmico:* el encerramiento de
     toda la energía cósmica no evolucionada. *Material:* concentra-
     ción, agrupamientos, reunión de cosas. Su símbolo es un recinto.
     Camino 18, conectando el tercer y quinto Sephiroth, Binah y
     Geburah.

9.   **Teth**—número arquetípico 9. *Cósmico:* el símbolo de la energía
     femenina inicial. *Material:* sabiduría, reflexión, prudencia. Su sím-
     bolo es una serpiente. Camino 19, conectando el cuarto y quinto
     Sephiroth, Chesed y Geburah.

10. **Yod**—número arquetípico 10. *Cósmico:* una continuidad perma-
     nente. *Material:* causa, perfección, poder, presión, generación. Su
     símbolo es una mano. Camino 20, conectando el cuarto y sexto
     Sephiroth, Chesed y Tiphareth.

11. **Caph**—número arquetípico 20. *Cósmico:* el arquetipo de todos
     los receptores. *Material:* pureza, ofrecimiento, generosidad. Su sím-
     bolo es la palma de la mano. Camino 21, conectando el cuarto y
     séptimo Sephiroth, Chesed y Netzach.

12. **Lamed**—número arquetípico 30. *Cósmico:* el principio del vínculo
     conector consciente. *Material:* aprendizaje, sacrificio, dedicación.

Su símbolo es el buey-aguijada. Camino 22, conectando el quinto y sexto Sephiroth, Geburah y Tiphareth.

13. **Mem**—número arquetípico 40. *Cósmico:* el arquetipo del principio creativo maternal. *Material:* fertilidad, replicación, variación. Su símbolo es el agua. Camino 23, conectando el quinto y octavo Sephiroth, Geburah y Hod.

14. **Nun**—número arquetípico 50. *Cósmico:* el arquetipo de todas las existencias individuales. *Material:* expansión, propagación, hijos, crecimiento, aumento. Su símbolo es un pez. Camino 24, conectando el sexto y séptimo Sephiroth, Tiphareth y Netzach.

15. **Samekh**—número arquetípico 60. *Cósmico:* el arquetipo de la fertilidad femenina, el huevo. *Material:* sostenimiento, astucia, repetición, conocimiento. Su símbolo es un soporte. Camino 25, conectando el sexto y noveno Sephiroth, Tiphareth y Yesod.

16. **Ayin**—número arquetípico 70. *Cósmico:* el principio de iluminación detrás del acto de la fecundación. *Material:* entendimiento, fuente, atención, extensión, prevención. Su símbolo es el ojo. Camino 26, conectando el sexto y octavo Sephiroth, Tiphareth y Hod.

17. **Pe**—número arquetípico 80. *Cósmico:* lo mismo que Cheth, esto es, encerramiento de toda la energía cósmica sin evolucionar. *Material:* explicación, mandato, lenguaje, poder de las palabras. Su símbolo es la boca. Camino 27, conectando el séptimo y octavo Sephiroth, Netzach y Hod.

18. **Tzaddi**—número arquetípico 90. *Cósmico:* el símbolo de la feminidad en un sentido social. *Material:* control, seguridad, expansión. Su símbolo es un anzuelo. Camino 28, conectando el séptimo y noveno Sephiroth, Netzach y Yesod.

19. **Qoph**—número arquetípico 100. *Cósmico:* un estado exaltado de Aleph, trascendiendo el aspecto negativo o de muerte. *Material:* descanso, período, ciclo. Su símbolo es la parte detrás de la cabeza.

Camino 29, conectando el séptimo y décimo Sephiroth, Netzach y Malkuth.

20. **Resh**—número arquetípico 200. *Cósmico:* el arquetipo de los recipientes universales o cósmicos, un estado superior de Beth. *Material:* inteligencia, ideas, perspicacia, comprensión intelectual. Su símbolo es la cabeza. Camino 30, conectando el octavo y noveno Sephiroth, Hod y Yesod.

21. **Shin**—número arquetípico 300. *Cósmico:* el "espíritu" de Dios. *Material:* transformación, naturaleza, cambio, renovación. Su símbolo es un diente. Camino 31, conectando el octavo y décimo Sephiroth, Hod y Malkuth.

22. **Tau**—número arquetípico 400. *Cósmico:* el arquetipo de toda la existencia cósmica. *Material:* identidad, muerte, plenitud, regreso, signo. Su símbolo es una codorniz. Camino 32, conectando el noveno y décimo Sephiroth, Yesod y Malkuth.

Caph Final—número arquetípico 500. *Cósmico:* el logro cósmico final de las existencias individuales. *Material:* altos logros, éxito, triunfo en todo nivel. No hay camino.

Mem Final—número arquetípico 600. *Cósmico:* la fertilidad cósmica en la humanidad, en mente y cuerpo. *Material:* brillantez del intelecto, logros intelectuales, vida familiar feliz. No hay camino.

Nun Final—número arquetípico 700. *Cósmico:* el símbolo de la interacción de las energías cósmicas. *Material:* éxito en la vida profesional y personal. No hay camino.

Pe Final—número arquetípico 800. *Cósmico:* lo mismo que Pe y Cheth. *Material:* éxito en el gobierno y los asuntos mundanos. No hay camino.

Tzaddi Final—número arquetípico 900. *Cósmico:* el arquetipo de la feminidad en un sentido místico. *Material:* éxito en todas las cosas relacionadas con asuntos de mujeres. No hay camino.

Como se explicó anteriormente, los diez Sephiroth son los primeros diez caminos del árbol; por eso las letras comienzan con el camino 11 y finalizan con el camino 32. Observará que las letras y sus caminos empiezan en la parte superior del árbol, conectando los Sephiroth en orden descendente. El Sephira sexto y central —Tiphareth— es el que más caminos tiene, ocho en total. Esto se debe a que Tiphareth representa el Sol y por lo tanto recibe luz de la fuente divina, Kether, y la comparte con las otras esferas, que son identificadas con los planetas del sistema solar además de la Luna. Como vimos antes, la Tierra no recibe luz del Sol en el árbol de la vida porque la Luna (Yesod) crea un eclipse espiritual, posicionándose entre la Tierra (Malkuth) y el Sol (Tiphareth). Por eso se dice que nuestro mundo está en la oscuridad. Por tal razón, el primer camino que debe ser "recorrido" en el ascenso a través del árbol es el 32, que conecta el décimo y noveno Sephiroth. Este camino es identificado con la letra Tau, que representa el arquetipo de toda la existencia cósmica además de la muerte y la plenitud. La muerte en este contexto significa no sólo el fallecimiento físico y final del cuerpo humano, sino la "muerte" de todos los deseos materiales. Cuando esta muerte espiritual de la materia es alcanzada, el individuo logra la plenitud de la iluminación; luego puede desterrar la oscuridad de Malkuth y recibe a cambio la luz plateada de la Luna de Yesod.

Los significados cósmicos y materiales de las letras pueden ser aplicados a cada uno de los 22 caminos a los cuales están conectadas. La meditación en cada camino individual y las esferas que conecta, dan a la persona un entendimiento profundo de los aspectos espirituales y materiales de los Sephiroth.

Como vimos antes, cada Sephira representa diferentes actividades e intereses humanos. Cuando una persona quiere obtener conocimiento espiritual y material acerca de una situación o problema específico en su vida, escoge el Sephira que representa tal situación y asciende a través del árbol por los caminos apropiados hasta que alcanza ese Sephira. Debe iniciar desde la décima esfera, Malkuth, que representa a la persona y al plano material; luego encuentra los caminos conectores y medita en sus

ACTIVIDADES HUMANAS EN EL ÁRBOL DE LA VIDA

Sephira	Actividad humana
1. Kether	Ninguna
2. Chokmah	Ninguna
3. Binah	Ninguna
4. Chesed	Crecimiento, viajes, bancos, deudas, juego, abundancia
5. Geburah	Peligros, cirugía, construcción, destrucción, guerra
6. Tiphareth	Éxito, dinero, poder, superiores, poder mental
7. Netzach	Amor, pasión, mujeres, artes, música, placer, diversión
8. Hod	Papeles, libros, asuntos comerciales, contratos
9. Yesod	Asuntos de mujeres, la madre, cambios, mudanzas, viajes cortos
10. Malkuth	Donde se reúnen las energías

CORRESPONDENCIAS NATURALES DEL ÁRBOL DE LA VIDA

Sephira	Planta	Animal	Incienso	Metal	Piedra
1. Kether	flor de almendro	———	ámbar gris	———	diamante
2. Chokmah	amaranto	hombre	almizcle	———	rubí, turquesa
3. Binah	ciprés, amapola	mujer	mirra, civeto	plomo	zafiro
4. Chesed	olivo, trébol irlandés	unicornio	cedro	estaño	amatista
5. Geburah	roble	basilisco	tabaco	hierro	rubí
6. Tiphareth	acacia, laurel, vid	león	olíbano	oro	topacio
7. Netzach	rosa	lince	benjuí, rosa	cobre	esmeralda
8. Hod	ajo silvestre	hermafrodita	estoraque	azogue	ópalo
9. Yesod	damiana, mandrágora	elefante	jazmín	plata	cuarzo blanco
10. Malkuth	lirio, hiedra	esfinge	Díctamo de Creta	mica	cristal de roca

Tabla 5, arriba, y 6, abajo.

significados. Cuando llega al Sephira que le interesa, se queda ahí, meditando en sus significados específicos, y luego debe establecer una conexión con el Sephira opuesto para "equilibrar" el árbol. Eso significa cruzar el camino que conecta ambas esferas y meditar en la esfera opuesta. Los únicos Sephiras que no necesitan ser equilibrados son Tiphareth, Yesod y Malkuth, pues se encuentran solos en el pilar medio.

Las tablas 1–3, 5 y 6 muestran las diversas correspondencias de cada Sephira, incluyendo colores, piedras, metales, inciensos, números, actividades humanas, y los nombres de Dios, los arcángeles y órdenes angélicos asignados a ellos. La tabla 7 muestra los colores de los caminos y las letras hebreas. Esta información es necesaria para la meditación en el árbol. Los colores de los Sephiroth en los que uno medita, y los colores de los caminos que conducen a ellos, deben ser bien visualizados durante la ascensión en el árbol, además de las letras y sus significados. El nombre del aspecto de Dios que rige las esferas, y los nombres de los arcángeles y órdenes angélicos, también deben ser pronunciados y meditados.

Hay cuatro escalas de colores relacionadas con el árbol, una para cada uno de los mundos cabalísticos que, como vimos, son Atziluth (mundo de emanación), Briah (mundo de creación), Yetzirah (mundo de formación) y Assiah (mundo de acción). La escala de colores usada durante la meditación en el árbol es la briática, correspondiente al mundo de creación. Esta escala fue escogida por los cabalistas porque pertenece al mundo donde las ideas se desarrollaron inicialmente (vea la tabla 2).

La cábala recalca la importancia del equilibrio en el árbol porque las poderosas energías de los Sephiroth, cuando están desbalanceadas, pueden crear desorden y destrucción. Cuando la energía cósmica fluyó de Kether a Chokmah, su fuerza no fue estabilizada totalmente, porque aún carecía de forma y dirección. Este excedente energético se desbordó y cayó, creando diez Sephiroth adversos conocidos como Qlifot. Estas esferas negativas se unieron a Malkuth, que se convirtió en su primer Sephira. Por lo tanto, tenemos un segundo árbol, caótico y desequilibrado, que empieza en Malkuth y desciende hacia el abismo. Estos diez Sephiroth son los opuestos de las fuerzas armoniosas que forman el árbol de la vida; como tales, son considerados negativos e identificados con las regiones infernales.

COLORES DE LOS CAMINOS
Y LAS LETRAS HEBREAS

Camino	Color	Letra hebrea
11	azul celeste	Aleph
12	morado	Beth
13	plateado	Gimel
14	azul celeste	Daleth
15	rojo vivo	Heh
16	índigo subido	Vau
17	malva claro	Zayin
18	marrón	Cheth
19	morado subido	Teth
20	gris pizarra	Yod
21	azul medio	Caph
22	azul medio	Lamed
23	verdemar	Mem
24	café apagado	Nun
25	amarillo	Samekh
26	negro	Ayin
27	rojo tomate	Peh
28	azul celeste	Tzaddi
29	beige, punteado con blanco plateado	Qoph
30	amarillo oro	Resh
31	bermellón	Shin
32	morado oscuro	Tau

Los colores dados en esta tabla son de la escala de Briah. Los caminos 11 a 32 conectan las diez esferas del árbol de la vida. Los caminos 1 a 10 son representados por las esferas mismas.

Tabla 7.

El Qlifot no contiene principios independientes en la escala cósmica, sino los aspectos desequilibrados y destructivos de las esferas del árbol de la vida. Por lo tanto, hay dos árboles, y ambos deben ser considerados para el entendimiento de la doctrina cabalística, porque dondequiera que hay una virtud o un Sephira positivo, hay un vicio correspondiente, que es simbolizado por la esfera adversa.

Los dos árboles, Sephirótico y Qlifótico, a menudo son representados como si las esferas infernales —que están en el lado contrario de las divinas, como las dos caras de una moneda— fueran un reflejo del árbol de la vida, por un espejo puesto en su base. En este concepto, los Qlippoth parecen extenderse hacia abajo desde la esfera de Malkuth, donde se unieron. Malkuth, de acuerdo a la tradición, es un Sephira caído, porque fue separado del resto del árbol por la caída de Adam. De este modo, el mundo material yace sobre el infernal conocido también como cascarones. Por eso su influencia es sentida tan fuertemente en los asuntos humanos.

Los demonios del Qlifot son los más desequilibrados y caóticos de todos los principios. Las primeras dos esferas del árbol Qlifótico, que corresponden inversamente a Kether y Chokmah, son vacías y desorganizadas, mientras la tercera esfera, correspondiente a Binah, es conocida como la morada de la oscuridad. Luego siguen los llamados siete tabernáculos —Shebah He-Hekoles—, o lo que se conoce como infierno, que nos muestra todos los desórdenes del mundo moral y los tormentos resultantes de ellos. Puede encontrarse cada sentimiento negativo del corazón humano, cada vicio, delito y debilidad, personificado en un demonio que se convierte en el atormentador de aquellos extraviados por estas faltas.

Los siete tabernáculos infernales están divididos y subdivididos hasta lo infinito; para cada tipo de perversidad hay un "reino" especial y así el abismo se abre gradualmente en toda su profundidad e inmensidad. El jefe supremo de ese mundo de oscuridad es Samael, el ángel del veneno y la muerte, que es identificado con el Satanás bíblico. Samael tiene dos esposas, Isheh Zenunim y Lilith, quien es la personificación del vicio y la sensualidad. De su unión con esta última nace la Bestia, Chiva, a menudo representada como una cabra con pechos femeninos. Se dice que Lilith está detrás de la muerte de todos los niños, ya que siente gran placer por la destrucción de la infancia e inocencia.

De la discusión anterior vemos que el Qlifot es el resultado de la energía excedente desbalanceada que dio origen a los Sephirtoth del árbol de la vida. Esta fuerza desequilibrada crea el centro alrededor del cual giran todas las formas de pensamiento maligno de la humanidad; por lo tanto, es la fuente además de la consecuencia de todas las acciones y pensamientos negativos. Debido a que las esferas del Qlifot se desarrollaron de un exceso de la energía cósmica, su influencia está directamente relacionada con el exceso en cualquier forma. De este modo, un exceso de amor da origen a los celos y la actitud posesiva, un exceso de deseo sexual genera lujuria, un exceso de ambición mundana crea la avaricia, hasta que toda la gama de cualidades e inspiraciones humanas son degradadas y vilipendiadas. Por eso la cábala da tanta importancia al equilibrio perfecto de las energías de los Sephiroth.

Ya vimos que el método más rápido para subir el árbol es a través del pilar medio. Este método es usado sólo por el verdadero místico, quien desea obtener iluminación, o sea establecer un equilibrio perfecto en su personalidad y una armonía total con el alma del universo. El método se conoce como el camino de la flecha, que es lanzada desde el "arco de la promesa", Quesheth, el arco iris de colores astrales que se extiende como un halo detrás de Yesod. Este sistema no confiere poderes "mágicos" y es utilizado por el místico para elevarse del plano material hasta los planos superiores de conciencia exaltada. Es llamado el camino de la flecha porque avanza en línea recta desde Malkuth hasta Kether. El proceso es desarrollado principalmente por medio de la meditación en las letras, colores, nombres divinos y símbolos asociados con los Sephiroth y los caminos que los conectan.

Un segundo método empleado por los cabalistas como sistema de meditación es conocido como el relámpago, y es comparado con la trayectoria de una serpiente que se extiende en zigzag a lo largo del árbol, atravesando toda su longitud, Sephira por Sephira. A diferencia del camino de la flecha, que es ascendente, el relámpago es usado para el "descenso de energía" (vea la figura 5). En este sistema, el cabalista se concentra en Kether, la primera esfera, usando los nombres divinos y los símbolos apropiados, y luego baja esa energía a través de las otras esferas, utilizando de nuevo los nombres y símbolos, todo el camino hasta Malkuth, que lo representa a él y al mundo material. Luego recoge la energía cósmica del relámpago y la absorbe en sí mismo; hace esto por medio de la meditación y ejercicios de respiración.

Otro sistema, conocido como elevarse en los planos, usa la forma inversa del relámpago. En este modo, la persona empieza en Malkuth y atraviesa todas las esferas en zigzag hasta que llega a Kether; eleva su conciencia poniéndose en contacto con los diez Sephiroth.

El árbol de la vida tiene un valor inmenso como sistema de meditación, no sólo para el cabalista, sino para cualquiera que desee armonizar las fuerzas cósmicas que forman la estructura de su alma. Debemos recordar que cada Sephira representa la esencia más pura de una cualidad o virtud humana. Si absorbemos el árbol en nuestra alma, estamos armonizándonos con los aspectos divinos de esas cualidades y virtudes. Este es el propósito más elevado y puro del trabajo práctico en el árbol de la vida.

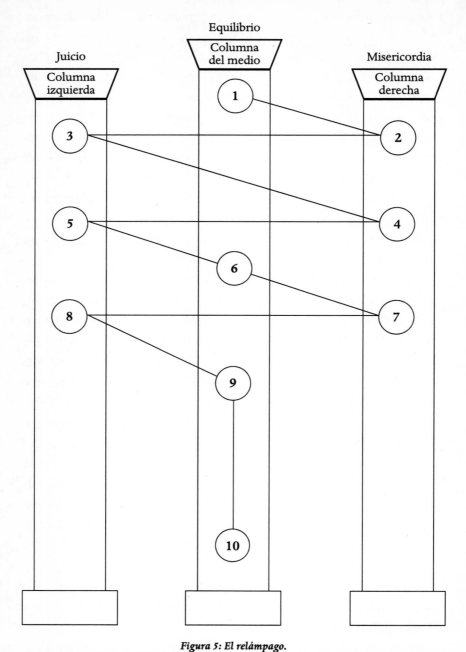

Figura 5: El relámpago.
El relámpago representa el descenso de la energía cósmica mientras pasa del primero al décimo
Sephira del árbol de la vida.

7

LETRAS DE LUZ

Y Dios dijo,
"que haya luz", y hubo luz.
—GÉNESIS 1:3

En el principio hubo luz, "demasiada luz", dijo el astrofísico George Gamow, quien se estaba refiriendo al evento conocido como *big bang*, la teoría científica más aceptada sobre el origen del universo. Gamow fue el que presentó a la comunidad científica el concepto de big bang en 1956. De acuerdo a esta teoría, hace aproximadamente quince mil millones de años, el universo estaba comprimido en un solo punto de luz. Este punto, conocido como singularidad, era todo lo que existía en el inicio de la creación. Continuó contrayéndose hasta que reventó en una inefable explosión, creando no sólo partículas subatómicas fundamentales, y de este modo materia y energía, sino también espacio y el tiempo mismo. En los primeros tres minutos después de la explosión, el nuevo cosmos tuvo una inflación super-rápida, expandiéndose del tamaño de un núcleo atómico hasta el tamaño de una toronja. En este momento, el espacio era una "sopa hirviente" de partículas subatómicas demasiado calientes para formar átomos. Electrones y protones evitaron que la luz brillara a través de la densa niebla esparcida en todo el espacio recién creado. En los siguientes 300 mil años, electrones y protones se combinaron para formar el primer átomo, el de hidrógeno, la base fundamental de la creación. Finalmente la luz pudo brillar (vea Hawking, *Brief History of Time*).

Los átomos de hidrógeno se combinaron para formar helio. En los siguientes mil millones de años, la gravedad hizo que el hidrógeno y el helio se unieran para formar las nubes gigantes que después se convirtieron en galaxias. Cantidades más pequeñas de gas chocaron para formar las primeras estrellas. Cuando las galaxias se agruparon por gravedad, las primeras estrellas murieron, arrojando al espacio nuevos elementos pesados, que finalmente se convirtieron en nuevas estrellas y planetas.

Los gases interestelares y las estrellas emiten radiación microondas. En 1965, los científicos Arno Penzias y Robert Wilson de Bell Telephone Laboratories detectaron radiación de microondas lejanas que podía ser rastreada hasta el momento del big bang. Este descubrimiento los hizo merecedores de un premio Nóbel y probó la validez de la teoría del big bang (vea Hawking, *Universe in a Nutshell*).

La singularidad o punto de luz que inició el big bang, puede ser fácilmente equiparada con Ain Soph en el momento de la creación. El largo período de evolución cósmica que hubo entre el punto inicial de luz y la creación de la Tierra fue un suceso simultáneo para Ain Soph, para quien el tiempo no existe. Como hemos visto, el tiempo y el espacio se originaron en el momento del big bang. Por lo tanto, Ain Soph existe fuera del tiempo y el espacio.

La luz es una forma de energía radiante que no tiene masa ni carga eléctrica, pero puede crear protones y electrones, los bloques de construcción del átomo y por ende del universo. De acuerdo a la teoría cuántica de Planck, la luz es transmitida en "piezas enteras" o *cuantos* de acción, también conocidos como fotones (vea Gamow, *Thirty Years That Shook Physics*). Estas piezas enteras de acción no son físicas y sin embargo son la base del mundo físico. Y a pesar del aborrecimiento que la teleología, o diseño intencional en la naturaleza, despierta en los científicos, el fotón o unidad de luz parece ser motivado por un propósito definido. En las palabras de Planck, "los fotones . . . se comportan como seres humanos inteligentes". Este fenómeno observado es conocido como principio de acción o menor acción. También fue Planck quien dijo que el desarrollo de la física teórica ha conducido a la formulación del principio de causalidad física que es explícitamente de carácter teleológico. En otras palabras, la física ha probado que hay un propósito claro detrás de las causas del mundo material, algo que los antiguos cabalistas sabían antes del advenimiento de la física.

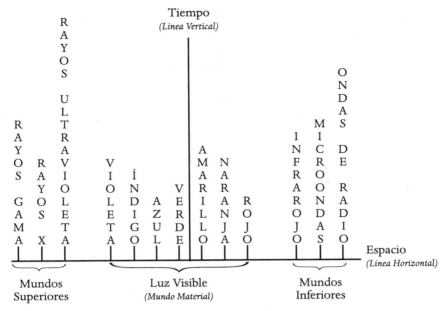

Figura 6: El espectro solar.

Los siete colores visibles del mundo material están en el medio del espectro. El amarillo es el primero de los tres colores primarios (amarillo, rojo y azul), pues da origen a los colores secundarios, verde y naranja, por su mezcla con el azul y el rojo. Los rayos cósmicos a la derecha del espectro (infrarrojos, microondas y radio-ondas) son identificados con los mundos inferiores porque crean distracción, ruido y confusión. Los rayos en la izquierda (ultravioleta, rayos X y rayos gama) son asociados con los mundos superiores porque cuidan, curan y trascienden el plano material. El punto de la línea horizontal (espacio), donde es dividida por la línea vertical (tiempo), representa el presente. A la derecha de la línea de tiempo está el pasado, y a la izquierda se encuentra el futuro.

La teoría de la relatividad presentó al mundo un hecho nuevo y fascinante acerca de las propiedades de la luz: que el tiempo no existe en el mundo de los fotones. Los relojes se detienen a la velocidad de la luz. Incluso el espacio es un concepto insignificante para la luz porque los fotones pueden viajar a través de él sin pérdida de energía. Además, la luz no puede ser realmente "vista"; simplemente hace que ver sea posible. Einstein definió el tiempo como la cuarta dimensión, complementando las tres coordenadas del espacio: anchura, longitud y profundidad. Él combinó espacio y tiempo para establecer un continuo espacio-tiempo usando la velocidad de la luz como un vínculo entre las dimensiones de tiempo y espacio (vea Einstein, *Relativity*). El espacio puede ser visto como una línea horizontal que se extiende hasta el infinito; el tiempo es visto como una línea vertical que divide la línea de espacio para crear la realidad que conocemos. A lo largo de la línea de espacio se encuentran las diferentes radiaciones electromagnéticas que incluyen la luz visible (vea la figura 6).

Todas las características que la ciencia ha atribuido a la luz son notoriamente similares a las que los cabalistas, quienes ven a Dios como luz, atribuyen a la Divinidad. Y si también tomamos en consideración que, de acuerdo a Planck, hay un propósito definido detrás de la causalidad física, podemos decir, sin extender la verdad ni forzar la imaginación, que la ciencia ha probado la existencia de Dios.

De lo anterior vemos que el concepto cabalístico de Dios como luz concuerda en principio con el concepto de luz presentado por la ciencia. También vemos que el tiempo no "existe" para la luz. Eso significa que todos los eventos deben existir juntos, antes y después de su manifestación, en el mundo de luz. Todos los momentos dados deben existir simultáneamente y pueden estar en contacto entre sí, incluso si se encuentran divididos por grandes intervalos de tiempo. De este modo, para Dios, quien es luz, todos los procesos de tiempo se mezclan en una serie infinita de sucesos. Esto brinda una base válida para la reconciliación de la creación del universo con la teoría darviniana del origen de las especies.

El largo proceso de evolución, que para la humanidad es medido en millones de años, fue un acontecimiento simultáneo para Dios. Por otra parte, la ciencia "reconoce" seis etapas en la creación del universo. El Génesis dice que "la tierra estaba sin forma y vacía"; la ciencia afirma que en el principio el material del cual la Tierra fue formada, estaba esparcido en un completo caos en toda la nebulosa original. Según el Génesis, Dios dice, "que haya luz y hubo luz"; la ciencia afirma que los átomos iniciales fueron puestos en movimiento en la nebulosa, dando origen a la luz. Esta fue la "primera etapa". El Génesis dice que el firmamento fue creado el segundo día; la ciencia afirma que durante la "segunda etapa", la Tierra adoptó forma esférica y la atmósfera (el firmamento) fue creada. El Génesis habla de la creación de tierra y agua el tercer día; la ciencia dice que en la "tercera etapa", cuando la atmósfera aún estaba densa, las aguas empezaron a asentarse en lugares bajos. Mientras el Génesis

He — Vau — He — Yod

Figura 7: El nombre más sagrado de Dios, Yod He Vau He,
también conocido como el Tetragrammaton (Gran Nombre de Cuatro Letras).
A veces es pronunciado como Yaweh o Jehovah, pero, según los eruditos hebreos, ambas pronunciaciones son incorrectas. Las 22 letras hebreas son consonantes; los sonidos vocálicos son indicados por una serie de puntos pequeños debajo de algunas letras. Estos puntos no aparecen en el Tetragrammaton, fueron borrados adrede por los antiguos para que la pronunciación correcta de los nombres más sagrados estuviera oculta de los profanos. En la antigüedad el nombre era pronunciado una vez al año por el sumo sacerdote del templo. En tiempos modernos nadie sabe (o admite saber) la pronunciación correcta. El nombre es leído de derecha a izquierda, como es indicado por la flecha.

menciona la creación del Sol, la Luna y las estrellas el cuarto día, la ciencia afirma que la atmósfera se enrareció, dejando que el Sol, la Luna y las estrellas fueran vistos. El Génesis dice que Dios creó las criaturas marinas el quinto día; la ciencia sostiene que la primera señal de vida en la Tierra tomó lugar en los océanos. El Génesis dice que Dios creó el ganado y el hombre el sexto día; la ciencia afirma que los mamíferos estuvieron entre las últimas especies desarrolladas en la Tierra.

Como hemos visto, de acuerdo a la cábala, Dios usó la letra Beth para crear el universo; esta letra representa la esencia de todos los recipientes o contenedores. Lo que Dios "contuvo" a través del poder de Beth fue un rayo de luz infinita. Todas las letras del alfabeto hebreo, al igual que Beth, son principios cósmicos y como tales son proveedores de la luz de Dios.

En el capítulo 3 vimos que Dios tiene muchos nombres y que el más sagrado de ellos es el Tetragrammaton, que conocemos mejor como Jehová, el Señor Dios. Este nombre está compuesto de cuatro letras: Yod, He, Vau, He (vea la figura 7). El significado cósmico de la letra Yod es continuidad permanente; la letra He representa el principio de vida y amor universal; Vau es el arquetipo de todas las sustancias fertilizantes. Vimos que fue Jehová —el Señor Dios— quien creó a Adam y Eva. El significado de las letras del nombre más sagrado de Dios revela que por medio de un proceso continuo (Yod), el Creador emanó el principio de vida universal identificado como amor (He), dándole el don de la fertilidad (Vau); pero debido a que hay dos *He* en el nombre, el principio de vida universal fue emanado dos veces. Estos dos principios de vida son un masculino y un femenino (Adam y Eva) que son fértiles y pueden multiplicarse. La creación fue continua porque Dios emana su luz perennemente para sostener el mundo.

El Tetragrammaton —Yod He Vau He— es comúnmente transcrito como IHVH. Su significado intrínseco es "ser", y es un símbolo de existencia; también representa los cuatro puntos cardinales, las cuatro estaciones, los cuatro elementos (aire, fuego, agua y tierra) y los cuatro mundos de los cabalistas, entre otras cosas. El nombre puede ser transpuesto en doce formas diferentes y todas significan "ser". Las doce transposiciones son conocidas como los doce estandartes del nombre poderoso y se dice que representan los doce signos del zodiaco. Estos son: IHVH, IHHV, IVHH, HVHI, HVIH, HHIV, VHHI, VIHH, VHIH, HIHV, HIVH, HHVI.

Dios tiene otros tres nombres de cuatro letras que son: AHIH, pronunciado *Eheieh* (Existencia); ADNI, pronunciado *Adonai* (Señor); y AGLA. Este último es una composición de las primeras letras de las palabras de la siguiente oración: *Atoh Gebor Leolahm Adonai* (eres poderoso por siempre, oh Señor). Esto se basa en el sistema en clave cabalístico conocido como Notarikon. Hay dos formas de Notarikon; en la primera, cada letra de una palabra es usada para iniciar otra palabra hasta que la oración completa es formada con base en la palabra original. Por ejemplo, de la palabra DEBER podemos crear la siguiente frase: Dios Emite Bendiciones En Raudales. La segunda forma de Notarikon, empleada en AGLA, es exactamente opuesta a la primera: de las letras iniciales o finales de una oración, es formado un nombre o palabra.

Las semejanzas entre IHVH (Jehová) y AHIH (Eheieh) son muy marcadas. Para empezar, ambos son símbolos de existencia; además, la letra He (H), el arquetipo de vida universal, es el segundo y cuarto carácter en los dos nombres. Cabalísticamente, AHIH es el principio cósmico no manifestado, Dios antes de la creación, mientras IHVH es el principio cósmico manifestado, la creación misma. AHIH es el nombre que el Creador dio a Moisés desde el arbusto en llamas: *Eheieh Asher Eheieh*, esto es, *yo soy el que soy*. Está compuesto por las letras hebreas Aleph, He, Yod y He. Eheieh también es el nombre divino atribuido al primer Sephira del árbol de la vida. La creación empieza sólo cuando Eheieh transmite el flujo de luz divina de Kether a Chokmah. El nombre divino en Chokmah es Yah, compuesto de las dos últimas letras de Eheieh, Yod y He. Cuando la energía divina fluye del principio masculino, Chokmah, al principio femenino, Binah, el nombre divino en este tercer Sephira se convierte en Jehovah Elohim; es la unión de los principios cósmicos masculino y femenino para el propósito de la manifestación. De aquí en adelante la creación toma lugar en el sentido físico de la palabra.

Hemos visto que cada letra hebrea también es un número. Beth, la letra que Dios usó para crear el universo, también representa el número dos. La cábala enseña que este número tiene un significado profundo porque simboliza dualidad, que siempre está presente en todo el universo. Todo en el cosmos se basa en el equilibrio perfecto de dos principios: positivo y negativo, masculino y femenino. El ejemplo ideal de dicha dualidad es el sistema binario moderno. Nuestra sociedad altamente tecnológica depende del sistema binario para su funcionamiento. Cada aspecto de nuestra vida diaria ha sido computarizado, y los computadores son programados de forma binaria. Cada cuenta, estancia en el hospital, vuelo en avión, movimiento del mercado, medio de comunicación —en realidad, todo— está basado en el computador, y éste no entiende nada que no sea expresado en forma binaria.

El sistema binario gira alrededor de dos cifras, uno y cero, el todo y la nada. Los circuitos electrónicos usados en esta tecnología son conocidos como biestables o de dos estados. Esto significa que son posibles sólo dos estados de energía electromagnética, como se aprecia en los interruptores "on" y "off" de las salidas eléctricas. "On" significa que la electricidad está pasando a través del sistema y el circuito está abierto; "off" indica que la electricidad no está fluyendo y el circuito se encuentra cerrado. El "on" en el sistema eléctrico corresponde al uno en el sistema binario, y el

"off" corresponde al cero. Todo programa en el computador es reconocido por ordenadores digitales sólo como combinaciones de unos y ceros.

Los números que conocemos comúnmente —1, 2, 3, 4, 5, 6, 7, 8, 9 y
0— son encontrados en el sistema decimal. Cualquier número en este
sistema puede ser transformado al sistema binario dividiéndolo por dos
hasta que no sobre nada. La cábala usa el sistema decimal pero adiciona
ceros a los valores de las letras para indicar estados superiores de energía
cósmica o divina. En la tabla 4 podemos ver que las letras, incluyendo las
finales, aparecen en filas del uno al nueve. En la primera tenemos las primeras nueve letras con sus correspondientes números; en la segunda
vemos los mismos números con un cero agregado; en la tercera se han
adicionado dos ceros a los números del uno al nueve. La primera letra
que recibe un cero es Yod, formando el número diez. Es interesante observar que Yod también es la décima de las veintidós letras del alfabeto
hebreo; es la primera letra del nombre más sagrado de Dios, Yod He Vau
He (IHVH). No es casualidad que sea la letra formada por las dos cifras
del sistema binario. Yod es continuidad permanente; es el flujo constante
de energía radiante de la cual el universo fue creado; es el universo, un
universo basado en una polaridad hecha de unos y ceros.

Cada nombre divino tiene un número formado por el valor sumado
de sus letras. La suma combinada de Yod He Vau He es 26; ese número
se obtiene sumando Yod (10), He (5), Vau (6) y He (5). Para cambiar este
número decimal al sistema binario debemos dividirlo por dos hasta que
no pueda ser reducido. Hagamos esa operación:

26 dividido por 2 = 13 y el residuo es 0

13 dividido por 2 = 6 y el residuo es 1

6 dividido por 2 = 3 y el residuo es 0

3 dividido por 2 = 1 y el residuo es 1

1 dividido por 2 = 0 y el residuo es 1

Los residuos son el número binario de 26; este número es 01011.
Pero hay un aspecto interesante respecto a los números binarios, deben

ser leídos de derecha a izquierda. Eso significa que el número binario correcto para Yod He Vau He es 11010. Es bueno observar en este contexto que las palabras hebreas, como en el sistema binario, son leídas de derecha a izquierda. En hebreo, el Tetragrammaton es escrito He Vau He Yod (vea la figura 7); pero cuando es leído en sentido contrario se convierte en Yod He Vau He.

El número binario del Tetragrammaton empieza con 1 y termina con 0. Estas dos cifras forman 10, el número de Yod. Veamos la creación a la luz del número binario de Yod He Vau He, 11010. En el principio, Dios envía el primer rayo de luz simbolizado por el primer 1. Pero las esferas donde la luz está contenida se rompen por la fuerza de la energía divina. Luego Dios emana otro rayo de luz, el segundo 1, y la creación es establecida. Dios se retira, simbolizado por el 0, y queda el tercer 1 y el último 0, que representan las 10 esferas del árbol de la vida.

Pitágoras dijo: "la naturaleza geometriza". La geometría es un sistema que combina letras y números. El cálculo hace lo mismo, dando a cada letra un valor numérico. La cábala reduce todo a números. Gematria es un sistema en clave cabalístico donde las palabras con los mismos valores numéricos son consideradas idénticas entre sí. Por ejemplo, las palabras *achad* (unidad) y *ahebah* (amor) suman trece; por lo tanto, son consideradas iguales.

De todo esto puede observarse que Dios creó el universo basado en números representados por letras hebreas. Estos números, incorporados en la letra Beth, son de naturaleza dual; son dos, las cifras binarias uno y cero.

Dios es luz, dice la cábala. La luz es una forma de radiación electromagnética. Esto puede ser descrito como una corriente de fotones, partículas sin masa fluyendo en un patrón de ondas y moviéndose a la velocidad de la luz, 186.000 millas por segundo (300.000 Kms.). Cada fotón contiene una cierta cantidad de energía, y toda la radiación electromagnética consiste en estos fotones. La única diferencia entre los diversos tipos de radiación electromagnética es la cantidad de energía encontrada en los fotones. Para entender mejor esto debemos observar el espectro electromagnético (vea la figura 6). En la figura vemos que la radiación electromagnética se divide en luz "visible" —los siete colores de la luz "blanca" refractada— y otros tipos de radiación.

Un prisma separa la luz blanca en siete colores: rojo, naranja, amarillo, verde, azul, índigo y violeta. Al pasar a través de un prisma, las longitudes de onda de la luz son refractadas en diferentes grados. La luz violeta es la que más cambia de dirección y la luz roja es la menos refractada; por eso son los extremos opuestos del espectro solar. El amarillo está en el centro del espectro; el naranja aparece entre el rojo y el amarillo y es una combinación de los dos; al otro lado del amarillo está el color verde, que es una combinación de las luces amarilla y azul; son seguidos por el índigo y el violeta. Los arco iris son un ejemplo de la refracción de la luz. De los siete, el rojo, amarillo y azul son los colores primarios; los otros son combinaciones de estos tres. El rojo, amarillo y azul se mezclan para formar la luz blanca. El blanco refleja todos los colores; el negro los absorbe. Por esta razón podemos decir que el negro es la ausencia de color, y el blanco contiene todos los colores.

Cuando combinamos rojo e índigo obtenemos violeta. De este modo podemos ver que la línea del espectro, mostrando los siete colores, se dobla sobre sí misma y forma un círculo, uniendo de este modo el rojo y el índigo para formar el violeta.

Más allá del color rojo tenemos la radiación infrarroja. A menudo pensamos en esto como calor porque hace que nuestra piel se sienta caliente. En el espacio, el infrarrojo señala el polvo entre estrellas. Después aparece la radiación de microondas, la cual cuece nuestra comida en tiempo récord, pero en el espacio es usada por los astrónomos para conocer la estructura de galaxias lejanas, incluyendo nuestra propia Vía Láctea. Como vimos antes, la radiación de microondas probó la validez de la teoría del big bang. La siguiente forma de radiación electromagnética es la de radio; es el mismo tipo de energía que las estaciones de radio y televisión emiten en las ondas de radio; pero también es emitida por estrellas y gases en el espacio, mostrándonos de qué están hechos.

Más allá del color violeta hay radiación ultravioleta. El Sol es fuente de rayos ultravioleta, pero las estrellas y otros objetos "calientes" en el espacio también emiten dicha radiación. Después aparecen los rayos X. Los doctores los utilizan para mirar dentro de nuestro cuerpo, pero la mayor fuente de estos rayos proviene de los gases calientes en el espacio exterior. Finalmente tenemos los rayos gama. Los materiales radiactivos, algunos naturales y otros creados por el hombre en plantas de energía nuclear y aceleradores de partículas, pueden emitir rayos gama, pero el más grande generador de ellos es el universo mismo.

Los astrónomos han detectado explosiones de rayos gama, fuentes de energía tan intensas que exceden muchas veces la energía total de una supernova. Hace varios años, descubrieron una explosión más brillante que el resto del universo observable; esta brillantez significó que el evento fue más energético que cualquier otro hasta la fecha, con la excepción del big bang, la explosión que ocurrió en el comienzo mismo del universo. Ellos teorizaron que este acontecimiento pudo haber sido causado por la colisión de dos grandes agujeros negros. Nada más podría explicar una explosión de energía radiante de tal magnitud. Este suceso cataclísmico tomó lugar a doce mil millones de años luz de la Tierra. El hecho de que la explosión fuera más brillante que el universo observable y pudiera ser vista desde una distancia tan enorme, nos da una idea del asombroso poder de los rayos gama. Los astrónomos creen que una explosión de este tipo a menos de seis millones de años luz de la Tierra, desintegraría nuestro planeta (como fue determinado por Fishman en su Burst and Transient Source Experiment).

En años más recientes, algunos astrónomos han adelantado la teoría de que hay una fuente inmensa de rayos gama en el centro del universo. La energía radiante emitida por esta fuente es tan incalculable que desafía a la imaginación. ¿Podría esta fuente ser la luz emitida por Ain Soph?

PARTE III
LAS LLAVES DEL REINO

8

EL REY EN LA CRUZ

Y él, cargando su cruz,
salió al llamado lugar de la Calavera,
que en hebreo se llama Gólgota.

—JUAN 19:17

Jesucristo fue ejecutado en una cruz romana hace dos mil años. Él murió, fue enterrado y, luego de tres días, resucitó. Esta creencia es la piedra angular de la fe cristiana y ha transformado el curso de la historia humana. Pero, ¿por qué? ¿Qué sucedió realmente?

La práctica de la crucifixión probablemente se inició entre los persas. El historiador griego Heródoto registró que el rey Darío hizo crucificar tres mil babilonios alrededor del año 519 a. C. (vea Herodotus, *Histories*). Alejandro Magno también utilizó la crucifixión en sus conquistas y la introdujo en Egipto y Cartago. Parece que los romanos aprendieron su uso de los cartagineses. Los asirios, escitas, celtas, y posteriormente las tribus alemanas y los británicos, también emplearon la crucifixión como medio de ejecución.

Los persas ataban la persona condenada a un árbol o la empalaban en un poste para evitar que sus pies tocaran el suelo sagrado. Después se usaba una cruz caracterizada por un poste (*stipes*) y un madero horizontal (*patibulum*). Hubo variaciones; la evidencia arqueológica e histórica indica firmemente que la cruz Tau era preferida por los romanos en Palestina en la época de Jesús. El poste de esta cruz termina en la viga transversal y no tiene la extensión corta por encima de la cabeza. Pero debido a que las prácticas de crucifixión a menudo variaban en diferentes sitios geográficos, la cruz latina y otras formas también pueden haber sido utilizadas.

Aunque los romanos no inventaron la crucifixión, la perfeccionaron como una forma de tortura y ejecución diseñada para causar una muerte lenta con un máximo de dolor y sufrimiento. Los antiguos consideraban la crucifixión como la más vergonzosa, dolorosa y vil de todas las ejecuciones. El estadista romano Cicerón la llamó "la pena extrema más cruel y repugnante" (vea Cicero, *Selected Works*). El historiador judío Josefo, quien presenció muchas crucifixiones, la llamó "la más miserable de las muertes" (vea Josephus, *Works*). Séneca afirmó que era "morir miembro por miembro, despedirse de la vida gota por gota" (vea Seneca, *Letters from a Stoic*). Y el jurista romano Julius Paulus se refirió a la crucifixión como la peor de las penas capitales, poniéndola por delante de la hoguera, la decapitación o la muerte por bestias salvajes (vea Levy, *Pauli Sententiae*).

Usualmente los romanos exoneraban de la crucifixión a las mujeres y sus ciudadanos, aunque había algunas excepciones. Los crucificados eran principalmente enemigos militares, extranjeros rebeldes, criminales violentos, ladrones y en especial esclavos. En realidad, estos últimos eran crucificados tan rutinariamente, que la crucifixión fue conocida como el "castigo de los esclavos" (*servile supplicium*) (vea Josephus, *Works*). Según Apiano, cuando la rebelión de esclavos dirigidos por Espartaco fue sofocada, el general romano Craso crucificó seis mil de los prisioneros esclavos a lo largo de la Vía Apia, la principal vía que conducía a Roma (vea Appian, *Romaica*). Y Josefo dice que cuando los romanos empezaron el cerco de Jerusalén en el año 70, el general Tito, quien después fue emperador, crucificó cerca de 500 judíos por día. Fueron tantos los judíos crucificados, que "no había suficiente espacio para las cruces ni suficientes cruces para las víctimas" (vea Josephus, *Works*).

Hubo mucha variedad en el estilo de las crucifixiones, aunque todas eran igualmente depravadas. Según Séneca, "algunos dejan hacia abajo la cabeza de sus víctimas, algunos empalan sus partes íntimas, otros les extienden los brazos sobre la picota" (vea *Seneca, Letters from a Stoic*).

Los romanos tenían una fórmula especial de crucifixión. Inicialmente, la víctima era azotada; el azotamiento usualmente lo realizaban dos soldados usando un látigo corto (*flagellum*) hecho con varias tiras de cuero, a las cuales se ataban pequeñas bolas de hierro y trozos puntiagudos de huesos de oveja. La víctima era desnudada y sus manos se ataban por encima de la cabeza en un poste de madera. La espalda, nalgas y piernas eran azotadas hasta que la persona sufría un colapso. La pérdida de sangre determinaba cuánto tiempo pasaría para que el crucificado muriera en la cruz. Muchos fallecían en el azotamiento.

El hombre condenado debía cargar su propia cruz hasta el lugar de ejecución fuera de las murallas de la ciudad. Esta no era la cruz completa, que pesaba demasiado —cerca de 300 libras—. La parte que cargaba la víctima sobre sus hombros era la viga transversal o patibulum, que pesaba alrededor de 80 libras.

El desfile hasta el sitio de ejecución incluía una guardia militar completa dirigida por un centurión. El *titulus* o letrero que decía de qué fue acusado el hombre culpable, a veces era llevado por un soldado o puesto alrededor del cuello de la víctima; después era atado a la parte superior de la cruz.

Había varios sitios de ejecución fuera de Roma; entre los más usados estaba el Campus Equilinus. El Gólgota fue usado con mayor frecuencia fuera de las puertas de Jerusalén. El Gólgota o "lugar de la Calavera" recibió este nombre porque estaba rodeado por colinas con cuevas que se asemejaban a calaveras. En el sitio de ejecución escogido, el poste de la cruz (stipes) ya estaba erigido; después, el patibulum o viga transversal con el hombre crucificado en él, era alzado y pegado al poste central.

La ley romana decía que al llegar al sitio de ejecución, se le debía ofrecer a la víctima vino mezclado con mirra (*gall*), que era un narcótico suave destinado a calmar el dolor, una muestra irónica de "compasión" en una muerte cruel y despiadada. Luego la víctima era tirada al suelo de espaldas, con los brazos extendidos sobre el madero horizontal. Después los brazos y las manos eran atados o clavados en el patibulum. Clavar en lugar de atar era el método preferido por los romanos; los clavos usados eran de hierro, de unas siete pulgadas de longitud, con cabeza cuadrada, y eran pasados a través de las muñecas.

La víctima, ahora clavada en el patibulum, era levantada y sujetada al poste. Había una pequeña tabla de madera (*sedile*) que sobresalía del poste, en la cual el hombre crucificado podía apoyarse para soportar parte del peso del cuerpo. En este punto los pies eran clavados en el poste, usualmente uno sobre el otro. Muy pocas veces, y probablemente después de la época de Jesús, se usó un bloque adicional, *suppedaneum*, para poner los pies antes de la crucifixión.

Hay evidencia de que en algunos casos los pies eran clavados a través del talón en cada lado de la viga transversal. En 1968, contratistas de construcción que trabajaban en un suburbio al Norte de Jerusalén, descubrieron una tumba del siglo I de nuestra era, donde fueron hallados los restos de un hombre de unos 20 años de edad, identificado como "Jehohanan, hijo de HGQWL". Este hombre parecía haber sido crucificado a través de sus talones. El clavo de hierro usado en la crucifixión aún estaba pegado a los huesos de los pies; tenía cerca de cinco pulgadas de largo. Un trozo cuadrado de madera de olivo de una pulgada de espesor estaba al lado del talón que luego fue clavado al madero horizontal. Es claro que el otro pie fue clavado de la misma forma. Los restos de este hombre se encuentran en el Museo de Israel, en Jerusalén. Basados en esta evidencia, muchos eruditos creen que los romanos no clavaban los dos pies juntos. También señalan que el grueso de los pies de un hombre requeriría un clavo de más de siete pulgadas para atravesarlos uno sobre el otro. Este es un tema de controversia, pero parece posible que un clavo de siete pulgadas penetrara ambos pies, especialmente si éstos eran delgados, como parecen haber sido en tiempos antiguos cuando la gente era más pequeña que ahora.

Cuando se terminaban de clavar los pies, el titulus era pegado en la parte superior de la cruz sobre la cabeza de la víctima. La supervivencia en la cruz oscilaba entre tres a cuatro horas y tres o cuatro días, dependiendo de la condición física del condenado y la severidad del azotamiento.

Según los expertos médicos, la causa más probable de muerte en la crucifixión era la sofocación. Además del agudísimo dolor causado por los clavos que atravesaban hueso y tendón, la posición de la víctima en la cruz impedía la respiración normal, especialmente la exhalación. Séneca describió esta respiración forzada como "sacar el aliento de vida en medio de la agonía". Había una gran tensión en las muñecas, brazos y hombros, que a menudo originaba la dislocación de las articulaciones. A medida que pasaba el tiempo, los músculos, debido a la pérdida de sangre y falta de oxígeno, sufrían severos calambres y espasmos. La víctima tenía que levantar el cuerpo empujándolo sobre sus pies crucificados y girando los codos para poder exhalar. Esto hacía que su espalda, hecha trizas por el azotamiento, se raspara contra la madera de la cruz. El condenado sostenía su agonía todo lo que podía y luego se desplomaba sobre sus pies. Este movimiento alternante, arriba y abajo en la cruz, era la única forma en que el hombre crucificado podía permanecer vivo; si no se levantaba sobre la cruz, se sofocaba y moría. Esto hacía que hablar fuera muy difícil, o tal vez imposible, pues el habla toma lugar durante la exhalación.

Los conmovedores intentos de las víctimas crucificadas para deslizarse arriba y abajo en la cruz para poder exhalar, incitaba a los romanos a romperles las piernas a fin de que ya no pudieran hacer presión hacia arriba. Este acto "compasivo" originaba la muerte rápida por sofocación. Si no le rompían las piernas, un hombre crucificado podía estar colgado varios días en la cruz, siendo objeto de abucheos e insultos; los insectos se arrastrarían sobre sus ojos, boca y heridas abiertas, y además quedaría expuesto a los elementos sin comer ni beber.

Todos estos tormentos fueron soportados por Jesús en la cruz. Su experiencia horrorosa comenzó veinticuatro horas antes. La noche anterior se reunió con sus discípulos en la habitación superior de una casa que le facilitó un conocido suyo. Una vez que estuvieron ahí observaron la Pascua judía. Durante esta última cena, Jesús predijo que Judas lo traicionaría y Pedro lo negaría tres veces. También dio pan y vino a sus discípulos y comparó este ofrecimiento con su cuerpo y sangre, prediciendo su próxima experiencia terrible. Luego salió de la habitación y se dirigió al monte de los Olivos o huerto de Getsemaní fuera de Jerusalén. *Getsemaní* viene del término hebreo *Gat Shamanim*, que significa "aceite presionado". Actualmente, el huerto existe y tiene muchos olivos antiguos, de los cuales algunos pueden haber crecido de raíces de árboles que pertenecieron a la época de Jesús. Todos los árboles en y alrededor de Jerusalén fueron arrasados por los romanos en el año 70, pero los olivos pueden regenerarse de sus raíces y vivir miles de años.

En el huerto, Jesús oró solo y sufrió intensamente por lo que iba a suceder. Según el evangelio de San Lucas, "su sudor se hizo como grandes gotas de sangre que caían al suelo" (Lucas 22:44). Los expertos médicos dicen que sudar sangre se conoce como "hemohidrosis", y ha sido visto en pacientes con un severo estrés o postración nerviosa en el organismo (vea Allen, *Skin*). Pero Lucas también dice que Jesús se encontraba solo en esos momentos y que todos los discípulos estaban dormidos, sin poder acompañar a Jesús durante este tormento interior. Entonces, ¿cómo supo Lucas que Jesús sudó sangre? Sólo él pudo habérselo dicho; pero, ¿cuándo Jesús le hizo esta revelación si poco después fue tomado prisionero y no volvió a hablar con sus discípulos?

Mientras Jesús aún se encontraba en Getsemaní, fue traicionado por Judas y arrestado por los judíos. Todos sus discípulos huyeron y lo abandonaron. Primero fue llevado ante Anás, el suegro del sumo sacerdote Caifás, para hacerle una interrogación preliminar. Anás lo envió ante Caifás, y fue convocado el concilio para tomar medidas respecto a las enseñanzas de Jesús. Cuando Caifás le preguntó a Jesús si efectivamente era el Mesías (Cristo), el hijo de Dios, Jesús respondió, "yo soy". El sumo sacerdote consideró esto como una blasfemia que merecía la pena de muerte. La sentencia fue ratificada en una reunión del sanedrín, el tribunal nacional supremo de los judíos, que estaba conformado por 71 miembros. Pero debido a que Caifás no tenía la autoridad de llevar a cabo la sentencia, envió a Jesús ante Poncio Pilatos, el procurador romano de Judea.

Cuando Jesús fue llevado ante Pilatos, los cargos contra él fueron cambiados; en lugar de blasfemia, fue acusado por el sanedrín de pretender ser un rey que no es partidario del pago de impuestos a los romanos. Antes de dictar la sentencia, Pilatos le preguntó a Jesús si era el Rey de los judíos; Jesús respondió, "tú lo dices" (Mateo 27:11). A pesar de los cargos, Pilatos no le encontró ningún delito y lo envió a Herodes, el rey de los judíos. Jesús guardó silencio ante el rey y éste lo volvió a enviar a Pilatos.

Los evangelios dicen que Pilatos no estaba convencido de la culpabilidad de Jesús; convocó a los principales sacerdotes y al pueblo y les dijo que como no había hallado delito alguno en Jesús, sólo iba a castigarlo y luego lo liberaría. Esto era parte de una costumbre en la que se liberaba un hombre condenado en la fiesta de Pascua judía. Los principales sacerdotes y la muchedumbre rechazaron la sugerencia de Pilatos y pidieron que Jesús fuera crucificado, y otro preso, llamado Barrabás, fuera liberado. Tres veces pidió Pilatos a la multitud que reconsideraran el destino de Jesús, pero al final ellos prevalecieron y Pilatos se vio forzado a crucificarlo.

Fue en este tiempo que Jesús recibió el azotamiento que precedía cada crucifixión romana; el número de golpes no está registrado en los evangelios. La cantidad de azotes en la ley judía fue establecida en 40 en Deuteronomio 25:3, pero después se redujo a treinta y nueve para prevenir golpes excesivos por un error de conteo. La ley romana no ponía límites al número de golpes dados durante el azotamiento; pueden haber sido treinta y nueve, más o menos.

Después del azotamiento, los soldados romanos colocaron un manto escarlata sobre los hombros de Jesús, quizás la capa de un oficial del ejército. Entretejieron una corona de espinas y se la pusieron en la cabeza; colocaron una caña en su mano derecha y se arrodillaron delante de él, burlándose y llamándolo Rey de los judíos. A diferencia de la corona de espinas tradicional que aparece en muchas pinturas, es probable que la corona real haya cubierto todo el cuero cabelludo; las espinas pueden haber tenido una a dos pulgadas de largo. Según los evangelios, los soldados romanos continuaron golpeando a Jesús en la cabeza; estos golpes habrían clavado más las espinas en la frente y el cuero cabelludo, causándole abrasiones dolorosas y sangrado.

Debemos recordar que Jesús no había dormido la noche anterior, que pasó en vigilia solitaria en Getsemaní. Por tal razón, debe haber quedado agotado y muy débil por los juicios, el azotamiento y los golpes en la cabeza. En estas condiciones, fue forzado a llevar el patibulum sobre sus hombros y caminar hasta el Gólgota, el lugar de su crucifixión.

La distancia que él caminó ha sido estimada en cerca de 650 yardas. Este camino, ahora conocido como la Vía Dolorosa, conducía a través de una calle angosta de piedra, probablemente rodeada por mercados en ese tiempo. En el camino, Jesús cayó tres veces por el peso que cargaba, lo que incitó a que los soldados le pidieran a un espectador llamado Simón de Cirene (actualmente Noráfrica) que lo ayudara a llevar el madero.

Al llegar al Gólgota, le ofrecieron una bebida de vino y mirra que estaba destinada a disminuir el dolor de la crucifixión, pero Jesús la rechazó. Luego lo fijaron al madero transversal y lo levantaron hasta el stipes, donde la viga fue pegada. Encima de su cabeza, los romanos escribieron un titulus que consistía en cuatro letras latinas: INRI, que significa Iesus Nazarenus Rex Iudaerum, Jesús de Nazaret, Rey de los judíos. Antes, los principales sacerdotes discutieron el uso de estas letras, pidiéndole a Pilatos que pusiera un titulus que dijera que Jesús afirmaba ser el Rey de los judíos; pero Pilatos respondió, "lo que he escrito, he escrito". De sus discípulos, sólo Juan estuvo presente en la crucifixión. Muchas mujeres que lo habían seguido se encontraban ahí, entre ellas su madre, Salomé y María Magdalena.

La hora de la crucifixión, según San Marcos, fue las tres de la tarde. En la novena hora, el mismo evangelista dice que Jesús murió en la cruz; esto significa que Jesús estuvo en ella seis horas. Sus piernas, contrario a la costumbre romana, no fueron rotas. Según San Juan, uno de los soldados, para asegurar que Jesús estuviera muerto, perforó su costado con una lanza; una mezcla de sangre y agua salió de la herida.

Un seguidor de Jesús, José de Arimatea, un judío rico que probablemente era miembro del sanedrín, le solicitó a Pilatos que le permitiera llevarse el cuerpo de Jesús. Pilatos se mostró sorprendido de que Jesús ya estuviera muerto, pero dejó el cuerpo en manos de Arimatea, quien lo bajó de la cruz, envolvió en una sábana y puso en una tumba nueva.

Los romanos usaban dos cruces en las crucifixiones, una larga y una corta. Esta última medía unos siete pies. Muchos eruditos creen que la cruz utilizada en la crucifixión de Jesús fue la versión corta; se basan en el hecho de que cuando Jesús dijo que tenía sed, uno de los soldados le ofreció vinagre en una esponja puesta en una caña de un hisopo. Esta caña mide unas veinte pulgadas de largo, lo cual apoya la creencia de que Jesús fue crucificado en la cruz corta. El hecho de que su costado fuera perforado por una lanza, también indica que la cruz debe haber sido la versión corta.

Hasta ahora hemos visto la crucifixión de Jesús según los evangelios. Veamos lo que dicen varios expertos sobre el tema. El 21 de marzo de 1986, la revista de la American Medical Association publicó un artículo titulado "On the Physical Death of Jesus Christ" (Sobre la muerte física de Jesucristo). Los autores del artículo fueron el doctor William D. Edwards, un patólogo de la Mayo Clinic; Floyd Z. Hosmer, un experto en Medical Graphics de la misma institución; y Wesley J. Gabel, un pastor de la West Bethel United Methodist Church en Minnesota. El trabajo da información detallada sobre la crucifixión de Jesús y los traumas que él sufrió durante esta terrible experiencia. Los datos médicos son impresionantes por la abundancia de detalles, y la conclusión de los escritores fue que Jesús murió antes de que la herida en su costado fuera hecha y que la herida misma, si fue en el costado derecho, habría asegurado su fallecimiento al perforar el pulmón derecho y el corazón. En la opinión de los autores del artículo, la presunción de que Jesús no murió en la cruz está en contra del conocimiento médico moderno. Esta opinión se basa en la idea de que Jesús fue herido en el costado derecho y que la longitud de la lanza era la suficientemente grande para causar una lesión grave. Si la lanza entró por el costado derecho, un gran flujo de sangre sería más probable con la perforación del delgado ventrículo derecho del corazón. Por otra parte, si entró por el costado izquierdo, habría sido difícil de perforar el ventrículo izquierdo, de paredes gruesas y contraídas. Los escritores asumen, a la luz de las representaciones artísticas de la crucifixión, que la lanza entró por el derecho, pero en realidad no se sabe con certeza. El único evangelio que menciona esta herida es el de San Juan, pero el evangelista nunca dice cuál costado de Jesús fue perforado. El artículo también deja sin responder la pregunta de que si la herida fue en realidad hecha, puede no haber sido una penetración profunda de la lanza sino un pinchazo corto.

En el lado opuesto de la discusión hay un artículo bien documentado del doctor Joe Zia, conservador de arqueología / antropología para la Israel Antiquities Authority desde 1972 hasta 1997. Ahora el doctor Zia está retirado y dicta conferencias en todo el mundo.

Según el doctor Zia, mientras un gran número de investigadores cree que la muerte de Jesús fue consecuencia del corazón perforado que se basa en la historia de Juan 19:34 en la que sangre y agua fluyen del costado perforado del cuerpo, muchos patólogos, tales como Frederick T. Zugibe (*The Cross and the Shroud*, 1984), han excluido esto como insostenible médicamente. Otros eruditos han considerado la asfixia como la causa de la muerte, pero de acuerdo al doctor Zia, los descubrimientos más recientes han mostrado que el asunto es más complicado, dependiendo de la manera en que la víctima fue crucificada. En una serie de experimentos realizados por el doctor Zugibe con la ayuda de estudiantes universitarios que se ofrecieron de voluntarios para ser atados en las cruces, si éstos eran suspendidos en las mismas con los brazos extendidos de la forma tradicional mostrada en el arte cristiano, no tenían problemas para respirar. Esto indica que la muerte en la cruz por sofocación no puede ocurrir si los brazos están extendidos, como en el caso de Jesús. Por otra parte, si el madero vertical tiene un sedile o asiento pequeño, que la víctima podía usar para apoyar el cuerpo, la muerte puede ser prolongada varios días. Según Josefo (*Antigüedades judaicas*), tres de sus amigos fueron crucificados por los romanos. Por la intervención de él ante Tito, fueron bajados de las cruces, y con atención médica uno de ellos sobrevivió.

¿Sobrevivió Jesús a la crucifixión? La controversia aumenta, con un creciente número de expertos cuestionando el corto tiempo de Jesús en la cruz, el hecho de que sus piernas no fueran rotas, y que el mismo Pilatos se sorprendiera por su rápida muerte.

Es seguro que Jesús quedó muy agotado por sus largas comparecencias ante Anás, el sanedrín, Herodes y Pilatos. El azotamiento y los golpes causados por los soldados romanos deben haber debilitado más su condición, como lo indica el hecho de que necesitó ayuda para llevar el patibulum. Pero todas las víctimas de crucifixión soportaban castigos similares y a menudo peores, y algunas duraban días en la cruz. Además, Jesús era un joven carpintero de 32 ó 33 años de edad con una salud física excelente. Sabemos esto porque durante su ministerio tuvo que recorrer a pie toda Judea y sus alrededores. Los evangelios indican que él comía y bebía bien, y además tenía una constitución física fuerte (Lucas 7:34). Su buena salud habría sido de gran ayuda para soportar los tormentos de la crucifixión.

Los evangelios dicen que Jesús rechazó el narcótico suave ofrecido por los soldados romanos a las víctimas de crucifixión. Esta negativa aseguró su vigilancia durante la terrible experiencia y su capacidad de permanecer vivo todo el tiempo posible. Sabemos que él habló siete veces en la cruz, lo cual no era fácil si luchaba por exhalar. Pero si tomamos en consideración el experimento de Zugibe, tal vez respirar no fue tan difícil durante la crucifixión como en principio se creía.

Sabemos que había varias formas de crucifixión, algunas más extremas que otras. No hay manera de saber con certeza si los brazos y manos de Jesús sólo fueron atados a la cruz, o tal vez atados y clavados. Pero tenemos la información de que los dos ladrones que fueron ejecutados junto a él no estaban clavados sino colgados a sus cruces (Lucas 23:39). Lucas es el único evangelista que usa la palabra "colgado" en los evangelios, así como Juan es el único que dice que salió sangre y agua del costado perforado de Jesús. Estas discrepancias entre los evangelistas sólo sirven para alimentar la controversia que rodea la crucifixión de Jesús.

Algo en que concuerdan los cuatro evangelios es que Jesús murió en la cruz. Los sinópticos dicen que él encomendó su alma a Dios y luego inclinó la cabeza y expiró. Pero, ¿en realidad estaba muerto? Marcos, Lucas y Mateo no estuvieron presentes en la crucifixión y, en cualquier caso, sus evangelios fueron escritos muchos años después por personas que usaron sus nombres. Ellos no presenciaron la muerte de Jesús en la cruz. Sólo Juan estuvo presente en este suceso y es casi seguro que escribió el evangelio que lleva su nombre; por lo tanto, deberíamos concentrarnos en dicho evangelio. Lo que Juan dice sobre la muerte de Jesús fue que después de beber el vinagre que le ofrecieron, Jesús exclamó, "consumado es, e inclinando la cabeza entregó su espíritu" (Juan 19:30). Desde su lugar en el pie de la cruz, al menos a siete pies de distancia, Juan no podía saber si Jesús estaba muerto o se había desmayado.

Es consistente con las actuales investigaciones médicas que una persona que ha sufrido un trauma severo en su cuerpo y mente, puede entrar en estado de coma, pero no necesariamente morir. Debido a que Juan, quien fue testigo de la crucifixión, dice que el costado de Jesús fue perforado, tenemos que tomar seriamente su aserción. Pero luego el evangelista dice algo que ha originado mucha especulación en los círculos médicos; afirma que de la herida salió sangre y después agua. Algunos expertos consideran esto imposible médicamente, y no hay forma de pasar por alto ese hecho, excepto asumiendo que Juan se confundió y el agua fluyó antes que la sangre.

Después de que José de Arimatea colocó el cuerpo de Jesús en la tumba nueva, un hombre llamado Nicodemo, otro de sus seguidores, trajo cerca de cien libras de mirra y áloes. Luego los dos tomaron el cuerpo de Jesús y lo envolvieron en lienzos con las especias en la forma judía de sepultar prescrita de la época. Juan nos dice esto (Juan 19:39–40). Pero dos días después, cuando María Magdalena llegó a la tumba, la encontró abierta y vacía. Ella fue a buscar a Pedro y Juan de inmediato, y les dijo lo que había visto. Al llegar al sepulcro, los discípulos hallaron los lienzos, y el sudario, que había estado sobre la cabeza de Jesús, enrollado en un lugar aparte. Más tarde, el mismo día, María Magdalena vio a Jesús cerca de la tumba, pero no lo reconoció aunque él le habló y ella le respondió. Sólo cuando la llamó por su nombre supo quién era (Juan 20:15–16). ¿Por qué María Magdalena no reconoció a Jesús? ¿Era en realidad Jesús la persona que ella vio? Si se trataba de él, debe haber estado muy alterado en su apariencia física para que no lo reconociera. Desde luego, un hombre que recientemente ha sufrido los tormentos de una crucifixión y ha sido golpeado en la cabeza, mostraría cierto grado de desfiguración.

Jesús apareció frente a sus discípulos varias veces después e incluso comió con ellos, según los evangelios. La pregunta es, ¿era un espíritu o un hombre vivo? El evangelio de San Lucas es el único que habla de la ascensión física de Jesús al cielo. Actualmente, la mayoría de eruditos teológicos consideran que esta visión es simbólica, en lugar de un suceso real.

Hay varios relatos no verificados que sitúan a Jesús en la India o Siria después de la crucifixión. Incluso hay una historia en que Jesús viajó con María a través de Persia, donde fue conocido como Yuz Asaf, "líder de los sanados". Los apócrifos Hechos de Tomás describen la estancia de Jesús y Tomás en Taxila (ahora en Pakistán). Al Este de Taxila hay una población llamada Murree, cerca del límite moderno con Cachemira. En Murree hay una tumba que ha sido honrada y conservada desde tiempo inmemorial y es llamada *Mai Mari da Asthan*, el "lugar de descanso final de la madre María". Los musulmanes honran la tumba porque María era la madre de Jesús (Issa o Isa), quien es considerado uno de los profetas más importantes del Islam. El Corán dice que Jesús fue salvado de morir en la cruz, que es considerada una muerte maldita (Deuteronomio 21:23) e indigna de él.

Se dice que después de esto Jesús viajó a Cachemira y desde ahí a la India. Hay una tumba en una ciudad llamada Srinagar, que muchas personas creen que es la de Jesús. La construcción erigida alrededor del sepulcro es llamada Rozabal, la "tumba de un profeta". Dentro de la cámara de entierro interior hay dos lápidas sepulcrales, la más grande para Yuz Asaf (Jesús) y la más pequeña para un santo islámico del siglo XVI.

Akbar, emperador mogol de la India, quien vivió en el siglo XVI, escogió un refrán de Jesús para inscribirlo en el muro de su Puerta de Victoria (vea *Cambridge History of India*). Este refrán desconocido en Occidente, fue hallado en un pedazo de muro entre las ruinas de una ciudad construida por Akbar. Dice:

> Dijo Jesús, ¡sobre quien haya paz! El mundo es un puente, atraviésalo pero no construyas casa ahí. Quien espere una hora, espera la eternidad; el mundo es sólo una hora, dedícala a la devoción; el resto no vale nada.

Jesús puede o no haber viajado a la India después de la crucifixión, pero incluso algunos de los primeros padres de la iglesia creían que él sobrevivió a la terrible experiencia. Ireneo, padre de la iglesia del siglo II, escribió un libro famoso llamado *Tratado contra las herejías*, en el cual afirmaba que

Jesús vivió hasta la vejez y permaneció en Asia con Juan y otros discípulos, hasta la época del emperador Trajano, antes de morir. Como Trajano inició su reinado en el año 98, significa que Jesús superó los 100 años de edad.

El caso de la supervivencia de Jesús después de la crucifixión es crucial para su propia afirmación de que era el Mesías. Era imposible que el Mesías muriera en la cruz. El libro de Deuteronomio (21:22) es claro sobre la muerte colgando en un árbol, y la cruz es hecha de un árbol:

> Si un hombre hubiere cometido un pecado que merezca la muerte, y se le haya dado muerte, y lo hayas colgado de un árbol, su cuerpo no debería quedarse toda la noche en el árbol; antes bien, sin falta lo enterrarás el mismo día, para que no contamines la tierra que el Señor tu Dios te da como herencia; porque maldito por Dios es el colgado.

La afirmación de que Jesús murió en el árbol de la cruz es una de las razones más poderosas para que los judíos ortodoxos no lo acepten como el Mesías. La ostentación de Pablo de las observancias judías tradicionales se suma a este rechazo. Pero el Mesías es un concepto judío; no puede ser un hindú, cristiano, musulmán o miembro de cualquier otra religión diferente al judaísmo. Y él debe cumplir los principios de la tradición mesiánica y defender la Tora —ley mosaica— para ser aceptado como un verdadero Mesías.

Además, como vimos en el capítulo anterior, el Mesías debe tener un hijo que continúe la obra de su padre.

Si Jesús murió en la cruz, no pudo haber sido el Mesías, y a fin de cuentas, esa fue su afirmación más importante. En virtud de su insistencia sobre la muerte de Jesús en la cruz y su celibato, el cristianismo niega las propias palabras de Jesús.

Es significativo que el evangelio de San Marcos, considerado por los eruditos como el primero en ser escrito, y en el cual se basaron los de San Mateo y San Lucas, no menciona la resurrección de Jesús. Según San Marcos, Jesús no se le apareció a María Magdalena o los discípulos después de la crucifixión. Todo lo que dice este evangelio es que cuando María Magdalena, María la madre de Santiago, y Salomé llegaron a la tumba cuando había pasado el sabbat, la encontraron abierta y vacía. Dentro del sepulcro hallaron a un hombre joven vestido con una ropa larga blanca, quien les dijo que Jesús no estaba ahí pero se le aparecería a sus discípulos después, como él les había dicho. Las mujeres huyeron espantadas. Ese es el final del evangelio (Marcos 16:8). Los otros escritores de evangelios aumentaron la historia original de San Marcos, adornándola con relatos de la resurrección de Jesús y su aparición a María Magdalena y los discípulos. Hay varios finales alternativos para el evangelio de San Marcos, pero los conocedores del tema concuerdan en que sin duda terminó en 16:8.

La mayoría de eruditos bíblicos cree que el evangelio de San Marcos probablemente fue escrito en la estela de la persecución de cristianos del año 64 iniciada por Nerón. Esta fecha es consistente con el énfasis de San Marcos sobre las tribulaciones de Jesús y sus seguidores (Marcos 4–17; 10:30; 13–9). Se cree que los evangelios de San Marcos y San Lucas fueron escritos hacia el final del siglo I.

A fin de cuentas, la muerte de Jesús en la cruz no resuelve nada. No es su fallecimiento lo que importa, sino su vida; es su integridad personal, su valor, y el poderoso mensaje de sus enseñanzas que han transformado el mundo. El deceso de Jesús en la cruz no habría redimido por mucho tiempo los pecados del mundo, porque éste seguiría pecando después de su proclamada y vilipendiada "muerte".

La palabra *Cristo* se deriva del griego *Christos*, que significa el "ungido", el Mesías, en hebreo *Mashiakh*. Jesucristo significa literalmente Jesús el Mesías.

Jesús como el Mesías es un símbolo de esperanza. Él es un mensajero divino y sobre sus hombros trascendentales descansa el destino de una humanidad doliente; es el Sol de Tiphareth, la luz del mundo. Por lo tanto, por medio del razonamiento cabalístico debemos creer que Jesús no murió en la cruz; sobrevivió a la crucifixión y vivió muchos años, llevando su mensaje de amor fraternal por las tierras de su exilio forzado. Su sufrimiento en la cruz fue parte de la misión que escogió. La supervivencia de tan horrible experiencia fue prueba de sus poderes curativos; si podía sanar a otros, de seguro pudo curarse él mismo.

Jesús dijo una vez, "yo soy el camino, la verdad y la vida; nadie viene al Padre sino por mí". Tiphareth, que representa a Jesús, es el camino a Kether y a Eheieh, Dios antes de la manifestación.

9

JESÚS EN EL ÁRBOL

Yo soy el camino,
la verdad y la vida;
nadie viene al Padre sino por mí.

—JESÚS (JUAN 14:6)

La cruz siempre ha sido identificada como un árbol. En Hechos 13:29, Lucas dice, "lo bajaron del árbol y lo pusieron en una tumba". Refiriéndose a la muerte de Jesús en la cruz, Pedro dice, "quien llevó él mismo nuestros pecados en su cuerpo sobre el árbol" (1 Pedro 2:24).

El árbol de la vida ha sido asociado con Jesús por muchos de los primeros escritores cristianos. En este contexto es interesante observar que la primera mención del árbol de la vida aparece en el primer libro del Antiguo Testamento (Génesis), y la última alusión se encuentra en el último libro del Nuevo Testamento (Revelación). En Revelación 2:7, Juan habla del "árbol de la vida que está en medio del paraíso de Dios". En este versículo, Jesús, quien es descrito por Juan con siete estrellas en su mano derecha y andando en medio de los siete candeleros de oro, se está dirigiendo a la iglesia de Éfeso y les promete que les dará permiso de comer del árbol de la vida si resisten el mal.

Dos de las imágenes asociadas con el sexto Sephira, Tiphareth, son las de un rey majestuoso y un dios sacrificado. Ambas imágenes están relacionadas con Jesús en la cábala cristiana. El planeta asociado con Tiphareth es el Sol, también símbolo de Jesús, quien dijo, "soy la luz del mundo".

Las siete estrellas que Jesús tenía en su mano según el libro de la Revelación, y los siete candeleros de oro entre los cuales caminó, eran símbolos de las siete iglesias, pero también simbolizan los siete Sephiroth inferiores del árbol de la vida.

El Sol de Tiphareth ilumina los siete Sephiroth desde su posición en el centro del árbol. Malkuth recibe sólo la luz reflejada de Tiphareth a través de Yesod (la Luna), que se encuentra entre ellos.

El nombre de Jesús en hebreo es Yeshua, que está compuesto de cuatro letras: Yod, Shin, Vau y Ayin. Como vimos en el capítulo 6, Yod simboliza una mano; es continuidad permanente, causa, perfección, poder y generación. Shin simboliza un diente; es el espíritu de Dios, transformación, renovación. Vau simboliza un clavo; es el arquetipo de la tancias fertilizantes, unión, dependencia, relaciones. Ayin simboliz ojo; es el principio de iluminación detrás de la fecundación, enter. miento, fuente, prevención.

Por su simbolismo cabalístico, las letras de Yeshua significan una causa continua y poder generador que, a través del espíritu de Dios, transforma y renueva; es la unión que hace posible la creación mediante la fecundación de todas las especies, y lo hace a través de la unión, entendimiento y la prevención de influencias negativas; es la fuente de acción cósmica positiva. Además, los símbolos de las letras —una mano, un diente, un clavo y un ojo— se suman en gran parte al significado de Yeshua. La mano y el clavo pueden entenderse como los símbolos de la crucifixión; el diente es usado para masticar, una herramienta importante en la absorción de alimentos, esencial para la regeneración y renovación de los tejidos corporales y por ende de la vida; el ojo representa vigilancia y conciencia, también esenciales para la prevención de cualquier peligro, físico o espiritual.

El nombre de Yeshua revela su misión espiritual, y lo que sería logrado con el sacrificio último de la crucifixión.

El libro del Génesis dice que cuando el patriarca Abram tenía 99 años de edad, el Señor se le apareció y dijo, "yo soy Dios Todopoderoso; anda delante de mí y sé perfecto. Y pondré mi pacto entre yo y tú, y te multiplicaré en gran manera. No se llamará más tu nombre Abram, sino que será tu nombre Abraham". El Señor también dio instrucciones a Abraham para que cambiara el nombre de su esposa Sarai por Sarah. Para ratificar este pacto, Abraham, sus hijos y todos los varones de su casa debían experimentar la circuncisión, la señal del pacto entre Abraham y Dios.

Adicionando la letra H a los nombres de Abram y Sarai, lo que Dios hizo fue darles uno de los He del Tetragrammaton, Yod, He, Vau, He. Haciendo esto, ratificó el pacto y convirtió a Abraham y Sara (Sarah) en participantes de una alianza cósmica que duraría muchas generaciones.

Todos los patriarcas hebreos tenían esta H en sus nombres: Isaac (Itshak), Moisés (Moshe) y Salomón (Shlomo). Dios cambió el nombre de Jacob por Israel (Ishroel) cuando renovó con él el pacto de Abraham, dándole el He en el nuevo nombre. Sólo David no recibió la letra sagrada porque violó su pacto con Dios por el asesinato de Urias, marido de Betsabé.

Adicionando He a Yeshua, tenemos Yeheshua, el verdadero nombre de Jesús; significa "Jehová es liberación". Y si agregamos la letra Shin del nombre de Yeshua a Yod He Vau He, también tenemos Yeheshua. Shin además simboliza la chispa de luz que es Dios, identificado con el Espíritu Santo o Ruach Elohim. La transferencia del He y el Shin indica un pacto entre Dios y Jesús.

La cruz es identificada con los cuatro puntos cardinales, los cuatro elementos y las cuatro letras del Tetragrammaton (vea la figura 8). La parte superior de la cruz y sus extensiones horizontales simbolizan las primeras tres esferas del árbol de la vida. Las otras siete esferas son simbolizadas por el resto del madero vertical. Debido a que la cruz representa el Tetragrammaton, Jesús realiza su misión oculta en su nombre siendo crucificado en el nombre divino, una de cuyas letras (Vau) significa clavo. Yod significa mano (extremidad, y también pie por asociación). Las manos y los pies de Jesús son clavados en la cruz, el Tetragrammaton.

La letra He significa ventana, una abertura, a través de la cual puede entrar la luz del Sol, aire y vida; también significa amor. Los dos *He* en Yod He Vau He y en Yeheshua representan una dualidad de amor, el amor divino de Dios y el amor humano de Jesús. Como vimos, Yeheshua significa "Jehová es liberación", salvación. Jesús representa la salvación del mundo a través del poder del nombre divino; sus brazos abiertos en la cruz son un símbolo de su gran amor por la humanidad.

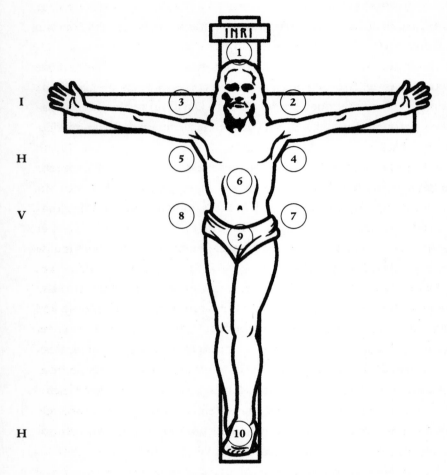

Figura 8: Los diez Sephiroth y el Cristo crucificado.

Los siete Sephiroth inferiores, representados por la parte inferior del madero vertical de la cruz, tienen su centro en Tiphareth, el sexto Sephira y la esfera del Sol. Cuando Jesús dijo, "yo soy la luz del mundo; soy el camino; nadie viene al Padre sino por mí", se estaba identificando con Tiphareth, el Sol, la luz del mundo. Debido a que Tiphareth es la esfera del pilar medio que conduce directo a Kether, es efectivamente el camino hacia Dios, el Creador, el Padre.

Entre Tiphareth y Kether se encuentra la esfera oculta, Daath. Este no es un verdadero Sephira; es una puerta, el espacio creado por la caída, que debe ser atravesado para alcanzar las cualidades de los primeros tres Sephiroth y llegar a Dios. Por eso el nombre de Dios en Tiphareth es Jehovah elo ve Daath, donde IHVH abre la puerta de Daath que conduce a AHIH, el nombre divino en Kether. Como Daath está ubicado en la garganta, da origen a los poderes del habla, a la comunicación. Por medio de la comunicación, con sus enseñanzas orales, Jesús iluminó el mundo.

Como hemos visto, las cuatro letras en el titulus sobre la cabeza de Jesús fueron INRI, las cuales significaban Iesus Nazarenus Rex Iudaerum, Jesús Rey de los judíos. Cuando estas letras son transcritas al hebreo, se convierten en Yod Nun Resh Yod. Hemos visto el simbolismo de Yod como una mano, continuidad, poder y causa. El símbolo de Nun es un pez; también significa existencia individual, expansión, aumento. Resh simboliza la cabeza; su significado es un estado superior de Beth, recipiente universal; también se asocia con inteligencia, perspicacia e ideas.

El doble Yod en INRI señala de nuevo las manos crucificadas de Jesús. Nun y Resh indican una existencia individual caracterizada por una gran inteligencia e ideas elevadas. Mientras Resh simboliza la cabeza, Nun representa un pez. Éste fue el primer símbolo del cristianismo; en tiempos romanos, los cristianos usaban el símbolo de un pez para identificarse entre sí.

INRI también es asociado con las cuatro letras del Tetragrammaton y los cuatro extremos de la cruz, los cuatro elementos, los cuatro puntos cardinales y las cuatro dimensiones. También cae bajo la égida de los Sephiroth del árbol de la vida como sigue:

Kether

I

Binah   Chokmah

Geburah   Chesed

N

Tiphareth

Hod   Netzach

R

Yesod

I

Malkuth

La primera I o Yod es asociada con la primera tríada del árbol de la vida, que está compuesta por Kether, Chokmah y Binah. Simboliza el elemento aire, la más sutil de las emanaciones divinas; representa la triplicidad astrológica de los signos de aire Géminis, Libra y Acuario.

La N se asocia con la segunda tríada, compuesta por Chesed, Geburah y Tiphareth. Simboliza el elemento fuego; representa la triplicidad astrológica de los signos de fuego Aries, Leo y Sagitario. Estos signos son regidos por planetas asociados con fuego: Marte, el Sol y Júpiter.

La R es asociada con la tercera tríada, conformada por Netzach, Hod y Yesod. Simboliza el elemento agua; representa la triplicidad astrológica de los signos de agua Cáncer, Escorpión y Piscis.

La útlima I se asocia con el Sephira solo, Malkuth, y simboliza el elemento tierra.

En la cruz, la cabeza de Jesús se encuentra debajo de la esfera de Kether, entre Chokmah y Binah (vea la figura 8); es representada por el primer Yod de IHVH e INRI. Este Yod (mano) es un símbolo de crucifixión.

Observará que la letra asociada con el camino 32, que conduce de Malkuth (la tierra) a Yesod (la Luna), es Tau. Este es el primer camino que debe ser atravesado al subir el árbol. Tau es una cruz. La forma de la cruz fue la más usada por los romanos durante las crucifixiones; puede haber sido empleada para crucificar a Jesús. Tau es la última letra del alfabeto hebreo; significa muerte, pero también retorno, plenitud; es redención. Tau es el camino que conduce a la iluminación de Yesod (la Luna). Si seguimos el camino de la flecha a través del pilar medio, Tau (la cruz) nos guiará por Yesod hasta Tiphareth (el Sol) y por lo tanto hasta Kether.

El camino 25, representado por la letra Samekh, simboliza apoyo, fuente, conocimiento; conecta la esfera de Yesod con Tiphareth. Significa que la fuente de conocimiento es la luz de Dios.

El camino 13, representado por la letra Gimel, simboliza realización, esplendor; conecta a Tiphareth con Kether. Significa la realización y el esplendor de la unión con Dios.

Podemos ver que los colores atribuidos a las esferas del árbol de la vida en la escala briática son los mismos del espectro solar.

Kether es luz blanca, luz antes de la diferenciación.

Chokmah es un gris perla, un blanco grisáceo iridiscente, donde la luz está empezando a diferenciarse.

Binah es negro, la absorción de la luz, emanada por Kether a través de Chokmah; es el cosmos.

Chesed es azul, el color del cielo cuando el cosmos se aviva con la luz emanada por Binah.

Geburah es rojo, el color de la sangre, de la vida.

Tiphareth es amarillo, el color de la luz del Sol, el alimento del mundo.

Netzach es verde, el color de las plantas, las dadoras de oxígeno y el aliento de vida.

Hod es naranja, la energía de la mente.

Malkuth tiene cuatro colores: canela, citrino, oliva y negro. Estos son los colores de la Tierra y una mezcla de los colores de las otras esferas.

Observará que la combinación de amarillo y azul (Tiphareth y Chesed) da origen al verde, el color de Netzach, justo debajo de Chesed. La mezcla de amarillo y rojo (Tiphareth y Geburah) genera el naranja, el color de Hod, justo debajo de Geburah. En el espectro solar vemos que el amarillo está en el centro, y que el naranja aparece a su derecha y el verde a su izquierda, el resultado de la combinación de amarillo con rojo y azul, respectivamente. En los lados opuestos del espectro se encuentran el rojo y el violeta. Este último color es una mezcla de rojo y azul, lo cual indica que el espectro se dobla sobre sí mismo para formar un círculo, donde el rojo y el azul se encuentran para crear el violeta. Este círculo y el color violeta son identificados con Yesod y la Luna.

En el árbol de la vida, la mezcla del azul de Chesed y el rojo de Geburah producen el color violeta de Yesod, la Luna. La unión de Chesed y Geburah también crea la "Mogen David" (la estrella de David, un símbolo del judaísmo y el Mesías).

La estrella de David está hecha con dos triángulos entrelazados. El triángulo superior, que apunta hacia arriba, representa fuego; el inferior, que apunta hacia abajo, representa agua. La unión de estos dos elementos esencialmente opuestos simboliza el gran trabajo de David al unir las doce tribus disidentes de Israel. El fuego es asociado con el color rojo, y el agua con el azul. Debido a que estos dos colores se combinan para formar el violeta, nos encontramos en la esfera de Yesod, la Luna. La importancia de la Luna en el judaísmo es muy marcada; el calendario judío es lunar. Y una de las grandes mitzvah o ceremonias de la religión judía es el canto del Hallel (Hallel-u-Jah, alabanzas a Dios) el día de la Luna nueva. El Hallel está compuesto de varios salmos de David, especialmente el salmo 81, que requiere un cuerno de carnero (shofar) en la Luna nueva.

David era el Mesías de Israel antes de Jesús, y hemos visto cómo Jesús citó el salmo 22 de David en la cruz para reiterar el hecho de ser la reencarnación de éste como el verdadero Mesías.

Por lo tanto, Yesod, la Luna, es nuestra conexión con la luz de Tiphareth. Por eso el Hallel es cantado en Luna nueva, y la Luna está relacionada con las principales fiestas religiosas en el judaísmo.

Una de las partes más importantes de la observancia del día del sabbat, cuando la Shekinah se une con su novio sagrado, es el ofrecimiento de pan y vino.

La primera ofrenda ritual de pan y vino fue conducida por el sumo sacerdote Melquisedec (Génesis 14:18). Melquisedec era rey de Salem (justicia y paz) y sacerdote de Dios; sacó pan y vino, los bendijo, al igual que a Abram y a Dios, dando un diezmo (una décima parte) de la ofrenda a Abram. Después de esto, Dios hizo su pacto con el patriarca, cambiándole el nombre por Abraham. Un diezmo es una alusión a los diez Sephiroth del árbol de la vida. Melquisedec dividió la ofrenda en diez partes y dio una a Abram indicando claramente a Malkuth, el comienzo del camino hacia Dios.

Melquisedec fue el primero y más grande de todos los sacerdotes sagrados para Dios; fue identificado con Elohim; es un sacerdote divino y eterno. El salmo 110 de David es conocido como un anuncio del reinado del Mesías. En este salmo, Dios hace a David un sacerdote para siempre "según la Orden de Melquisedec" (salmo 110:4). La epístola a los hebreos también habla de Jesús como "sacerdote para siempre según la Orden de Melquisedec" (Hebreos 6:20). Esto resalta de nuevo el lazo entre David y Jesús.

Durante la última Cena, Jesús bendijo el pan y el vino, como Melquisedec lo había hecho, y los dio a sus discípulos. Hizo esto para establecer un nuevo pacto con ellos y el mundo. Cuando partió el pan, lo bendijo, y lo dio a los discípulos, dijo, "tomad, esto es mi cuerpo". Luego bendijo el vino, se los dio para que bebieran y dijo, "esto es mi sangre del nuevo pacto, que por muchos es derramada" (Marcos 14:22,24). Así como Melquisedec había dado pan y vino a Abram antes de su pacto con Dios, Jesús, como "sacerdote para siempre según la Orden de Melquisedec", dio pan y vino a sus discípulos para establecer un nuevo pacto. Este fue ratificado con el derramamiento de su sangre durante la crucifixión. La sangre es parte del pacto; en el pacto de Dios con Abram, la sangre derramada fue la de la circuncisión.

La misión de Jesús como Mesías es una parte intrínseca de él y su obra. Su innegable presencia en el árbol de la vida es una admisión de su identidad como el Mesías. Pero no pudo ser el Mesías si murió en la cruz, fue célibe o nació de un parto virginal, porque eso le negaría la genealogía hasta David, que sólo pudo ser recibida a través de la línea de su padre José.

EL MAESTRO

Y recorrió Jesús toda Galilea,
enseñando en sus sinagogas
y predicando las buenas
noticias del reino . . .

—MATEO. 4-23

Jesús inició su ministerio a los 30 años de edad (Lucas 3:23). Los evangelios sinópticos, los de Mateo, Marcos y Lucas, dicen que esto ocurrió después del encarcelamiento de Juan Bautista. El evangelio según San Juan ubica el suceso después de que Jesús escogió sus primeros discípulos. Los sinópticos dicen que el ministerio de Jesús duró aproximadamente un año, mientras Juan afirma que duró casi tres años. La información de Juan es la que nos da la edad más aceptada de Jesús —33 años— en la crucifixión.

Después de su bautismo realizado por Juan Bautista, Jesús se retiró al desierto durante cuarenta días, un período en el cual meditó, ayunó y fue tentado por el diablo. Algunos eruditos bíblicos consideran estos cuarenta días como un ritual de preparación para su futuro ministerio.

Al terminar este retiro espiritual que se impuso a sí mismo, Jesús regresó a Galilea, empezó a enseñar en las sinagogas y fue alabado por todos. Luego visitó Nazaret donde se había criado; fue a la sinagoga el día del sabbat, como era su costumbre, y se levantó a leer las escrituras. Se le dio el rollo del profeta Isaías, lo abrió y halló el pasaje donde estaba escrito:

> El espíritu del Señor está sobre mí, por cuanto me ha ungido para dar buenas nuevas a los pobres; me ha enviado a predicar una liberación a los cautivos y un recobro de vista a los ciegos, a poner en libertad a los oprimidos, a predicar el año acepto del Señor.

Luego Jesús enrolló el rollo, se lo devolvió al servidor, y se sentó. Los ojos de todos en la sinagoga estaban fijos en él, pues se esperaba que hiciera comentarios sobre el pasaje. Entonces comenzó a decirles, "hoy se cumple esta escritura que acaban de oír". Luego procedió a comparar su obra con la obra de los profetas Elías y Eliseo, y les dijo que ningún profeta era aceptado en su propia tierra. Estos comentarios causaron tanta ira en los miembros de la sinagoga, que echaron a Jesús de la ciudad y casi lo tiran por un risco. Pero Jesús pasó en medio de ellos, como si no fuera visto, y se fue de Nazaret (Lucas 4:14–29).

Después del rechazo en Nazaret, Jesús se dirigió a Capernaum y empezó a curar personas y enseñar en las sinagogas. Era aceptado en todas las partes que iba. Poco después de esto escogió a sus primeros discípulos, Simón Pedro, Juan y Santiago; los otros fueron elegidos mucho después.

Las enseñanzas centrales de Jesús fueron dadas por él a sus discípulos y una gran multitud en el sermón del monte (Mateo 5:1–7:27). Lucas llama al mismo evento el sermón del llano (Lucas 6:17), pero no se extiende en las enseñanzas de Jesús tanto como Mateo. Los dos citan las bienaventuranzas, donde Jesús bendice a los pobres, los mansos, los pacificadores y otros que recibirán misericordia y ganarán el reino de los cielos. Este es el comienzo del famoso sermón. Luego Mateo presenta el principal cuerpo de enseñanzas de Jesús; es durante este sermón que dice que no vino a abolir la ley o los profetas, no vino a abrogar sino a cumplir. Después procede a enseñar sobre el adulterio, el juicio inadecuado, el amor por los enemigos, orar en la privacidad de nuestra habitación, y los falsos profetas. También enseña a la multitud la forma apropiada de rezar el paternóster.

En todas las enseñanzas del sermón y otras dadas por Jesús, encontramos claros vínculos cabalísticos. En el sermón ruega a sus oyentes que no se preocupen por las necesidades materiales. "Consideren los lirios del campo, cómo crecen; no trabajan ni hilan; pero les digo, que ni siquiera Salomón con toda su gloria se vistió así como uno de ellos. Por eso, no se inquieten diciendo, ¿qué comeremos, qué beberemos o qué vestiremos? Pero busquen primero el reino de Dios y estas cosas les serán añadidas". El reino de Dios es Malkuth, y la meditación adecuada en esta esfera conseguirá lo que una persona desee.

Antes en el sermón Jesús dice, "si alguien te da una bofetada en la mejilla derecha, vuélvele también la otra; y si alguien quiere tu túnica, déjale también la capa; y si alguien te obliga a llevar una carga por una milla, ve con él dos millas". Muchos creen que esta es una enseñanza de humildad, pero no es así; se refiere a lo que se conoce como "la ley de tres". Esta es una ley cósmica basada en las tres tríadas del árbol de la vida, la cual dice que cualquiera que nos haga daño recibirá un castigo tres veces más fuerte; quien nos ayude recibirá tres veces la recompensa por su ayuda. Igualmente, si perjudicamos o ayudamos a alguien, también recibiremos castigo o premio triplicado. Por lo tanto, según esta enseñanza de Jesús, no es necesario que nos venguemos de un agresor. Si nos golpea sólo una vez en la mejilla derecha, recibirá un castigo triple por su acción; pero si le volvemos la otra mejilla, el castigo se multiplica por tres, y experimentará seis veces lo que recibimos. Ese es un gran castigo, y no tenemos que violar la ley de Dios, que dice que la venganza está en manos del Señor.

Jesús también se refería a la ley de tres cuando dio instrucciones a sus oyentes respecto a cómo dar limosna: "Cuando des limosna, no toques trompeta delante de ti, como hacen los hipócritas en las sinagogas y en las calles, para ser alabados por los hombres; les digo en verdad, ellos ya tienen su recompensa. Mas cuando tú des limosna, no sepa tu mano izquierda lo que hace tu derecha, para que sea tu limosna en secreto; y tu Padre que ve en lo secreto te recompensará". El secreto es de suma importancia en todo trabajo cabalístico; es en realidad una de las leyes del adepto: "guarda silencio". Sin secreto, la energía cósmica concentrada durante un acto meditativo o mágico es dispersada. Por eso Jesús dijo que dar limosna en público tiene su propia recompensa; la ley de tres ya no se aplica.

Jesús dijo en el mismo sermón, "pidan, y se les dará; busquen, y hallarán; toquen, y la puerta les será abierta". Él se estaba refiriendo a la búsqueda de sabiduría (Chokmah), con la cual todas las cosas son posibles.

El evangelio de San Marcos dice que antes de la muerte de Juan Bautista, Jesús llamó a los doce discípulos y empezó a enviarlos de dos en dos, dándoles autoridad sobre los espíritus inmundos (Marcos 6:7). Les ordenó que no llevaran nada para el viaje, sino solamente un bastón; no debían llevar pan ni dinero en sus cintos, pero que usaran sandalias y sólo una túnica. Les dijo, "cuando entren en una casa, quédense allí hasta que salgan de aquel lugar. Y si en algún lugar no los reciben ni oyen, salgan de allí, y sacudan el polvo de sus sandalias como testimonio contra ellos" (Marcos 6:8). Mateo adiciona a este "testimonio": "Les digo en verdad, el día del juicio será más tolerable para la tierra de Sodoma y Gomorra que para aquella ciudad".

Una amiga mía, quien es erudita bíblica y firme creyente en el poder de las enseñanzas de Jesús, tuvo la oportunidad de probar esta enseñanza en particular. Cuando aún era estudiante en Columbia's Law School (Escuela de leyes de Columbia), vivía con su esposo, también estudiante, en la ciudad de Nueva York. Al igual que la mayoría de universitarios, sus fondos eran muy limitados y a menudo se retrasaban en pagar las cuentas. Un día, recibieron una notificación de Con Edison, el proveedor de electricidad para la ciudad de Nueva York, la cual decía que el servicio eléctrico les sería suspendido por el no pago de su última cuenta. Rápidamente pidieron prestado dinero de varios amigos por la cantidad necesaria, y mi amiga se dirigió a las oficinas de Con Edison para hacer el pago. Pero cuando ella llegó, le dijeron que debido a su registro de pagos tardíos, debía darle a la compañía un depósito de 300 dólares; sin él, la electricidad le sería cortada el día siguiente. Todas sus súplicas por una prórroga de algunos días cayeron en oídos sordos. El funcionario que había sido llamado para escuchar su caso, se negó a darle dicha prórroga. Mi amiga salió de las oficinas de Con Edison humillada y consternada; sintió que el representante de la empresa la había tratado con la más cruel falta de comprensión y compasión. Todo lo que había solicitado eran unos días para pedirle prestado a sus padres el dinero del depósito. Rechazar esta simple petición, en su opinión, era desmedido. Cuando salió de la compañía, recordó la enseñanza de Jesús a sus discípulos acerca de sacudir el polvo de los zapatos en la puerta de salida de quien no escuchara sus palabras. Aún llena de indignación por la insensibilidad del funcionario, sacudió sus pies varias veces junto a la puerta de Con Edison y pidió justicia divina. Esa noche, mientras ella y su esposo veían las noticias en televisión, escuchó que una de las plantas de Con Edison había tenido un daño inexplicable en su sistema de circuitos. Como consecuencia de esto, muchos de sus computadores se averiaron, borrando las cuentas de miles de clientes, entre ellas la de mi amiga, quien, naturalmente, no tuvo que pagar el depósito requerido. Con Edison perdió millones de dólares en el proceso. Ella me contó la historia hace muchos años, pero nunca la olvidé. Algunos llaman a esto coincidencia, pero yo creo, al igual que Jung, que no hay coincidencias, sólo sucesos sincronizados.

Si Jesús tenía mucha dispensación de justicia, igualmente pasaba con la compasión. Justicia y compasión son representadas por el cuarto y quinto Sephira del árbol de la vida, Chesed y Geburah. Él se conmovía por el sufrimiento y dolor que encontraba constantemente. Su trabajo como curador se basaba en esta profunda compasión; pero detrás de la compasión estaba siempre su voluntad: Chesed en armonía con Geburah. El evangelio de San Mateo dice que después de que Jesús descendió del monte, después del sermón, mucha gente lo siguió; y entre la multitud había un leproso, quien se postró ante él y dijo, "Señor, si quieres, puedes limpiarme". Jesús extendió la mano y tocó al leproso, diciendo, "quiero; sé limpio". Inmediatamente, la lepra del hombre desapareció (Mateo 8:1). Al decir "quiero", Jesús estaba estableciendo su voluntad de curar al leproso. Mostró la misma compasión moderada por la voluntad al sanar el siervo del centurión, la suegra de Pedro y muchos otros.

Los milagros de Jesús, relatados en los cuatro evangelios, fueron basados en el equilibrio perfecto de las esferas apropiadas del árbol de la vida. Según el evangelio de San Juan, el primer milagro público de Jesús fue convertir el agua en vino en las bodas de Caná. Jesús, su madre y sus discípulos habían sido invitados. Cuando el vino se acabó, María le dijo a Jesús que los anfitriones no tenían dicha bebida, y él le contestó que aún no había llegado su hora, pero María conocía bien a su hijo y estaba segura que ayudaría a resolver el problema. Por lo tanto, dio instrucciones a los que servían para que hicieran todo lo que Jesús les dijera. Había puestas en el lugar seis tinajas de piedra para los ritos de purificación judíos, cada una de las cuales podía contener veinte o treinta galones. Jesús pidió a los siervos que llenaran las tinajas con agua; luego les dijo que sacaran un poco de líquido y lo llevaran al maestresala. Cuando éste probó el agua hecha vino, le dijo al novio que mientras otros servían el mejor vino primero, él lo había reservado para lo último.

La transformación del agua en vino cae dentro de la esfera de Yesod, el noveno Sephira. Esta esfera rige el elemento agua y todos los líquidos; también es la esfera de la ilusión, donde el poder de la mente gobierna los sentidos. Jesús no convirtió el agua en vino; lo que hizo fue usar el poder de su mente, concentrado en Yesod, para darle al agua apariencia y sabor de vino de manera ilusoria. Para quienes probaron este líquido cargado mentalmente, fue el mejor de los vinos, pero en realidad seguía siendo agua.

La hazaña del vino fue repetida con la alimentación de la multitud con sólo cinco panes y unos pescados. Todos vieron el pan y los pescados multiplicarse, comieron lo suficiente, e incluso sobró comida. Pero todo esto fue obra de una combinación cabalística entre los Sephiroth; no fue un truco, sino el logro magnífico de un cabalista supremo.

Jesús solía usar historias significativas espiritualmente, llamadas parábolas, para ilustrar sus enseñanzas. Algunos eruditos bíblicos creen que las parábolas de Jesús, usualmente relatos de simples eventos cotidianos, representan un claro estilo literario. Una parábola es una metáfora o símil sacado de la naturaleza o la vida común que incita a la imaginación del oyente a examinar e interpretar su significado. Como método de enseñanza, toma paralelos con el entorno familiar del oyente, haciendo que verdades profundas sean más fáciles de comprender.

Las parábolas no aparecen en la Biblia hebrea excepto en los trabajos de Salomón, a quien se le reconoce el mérito de inventarlas. La palabra hebrea para parábola es mashal. Este término tiene muchos significados que incluyen "proverbio", "acertijo", "dichos de los sabios", además de "parábola". Los rabinos, empleando una serie de complicados juegos de palabras, describieron a Salomón como el inventor de las parábolas.

Salomón escribió muchos proverbios, y debido a que éstos y las parábolas se definen por la palabra mashal, son considerados lo mismo. Los rabinos interpretaron a Eclesiastés 12:9 como refiriéndose a Salomón: "Además de ser sabio, el Maestro también enseñó conocimiento a la gente, meditando, escudriñando y componiendo muchos proverbios (parábolas)". El maestro en esta cita es Salomón; pero Jesús, también un maestro, usó el mashal para enseñar conocimiento a la gente como lo había hecho Salomón siglos atrás.

Las parábolas son una forma muy judía de narración de cuentos; no tienen paralelo con ninguna otra literatura. Ni siquiera son comunes en los primeros escritos cristianos o en la literatura griega, pero son abundantes en la tradición rabínica. En la época de Jesús fueron una manera muy común de explicar los textos sagrados y la Tora.

Jesús usaba parábolas para explicar la naturaleza del reino de Dios y cómo se podía acceder a él. Hay docenas de ellas en los evangelios, cada una llena de una riqueza de símiles y alegorías. Entre las más famosas se encuentran las parábolas de las diez vírgenes y los diez talentos. El número diez es nuevamente una alusión velada a los diez Sephiroth.

En la parábola de las diez vírgenes, Jesús habla de la importancia de permanecer alerta a su llamado. Aquí él es representado como el novio. En esta historia, contada en Mateo 25:1–13, Jesús comparó el reino de los cielos con diez vírgenes, quienes tomaron sus lámparas y salieron a encontrarse con el novio. Cinco de ellas eran prudentes y cinco necias. Las prudentes suministraron aceite a sus lámparas, pero las necias no lo hicieron. Cuando llegó el novio, las vírgenes prudentes entraron con él a las bodas, y la puerta fue cerrada. Las necias tuvieron que salir a comprar aceite para sus lámparas. Cuando regresaron y tocaron la puerta del novio, él no la abrió y dijo que no las conocía. Jesús agrega al final de la parábola: "Velen, pues, porque no saben el día ni la hora en que el Hijo del Hombre (Jesús) ha de venir".

En el árbol de la vida, el novio es identificado con los seis Sephiroth que están debajo de la tríada superior. Estos Sephiroth son Chesed, Geburah, Tiphareth, Netzach, Hod y Yesod, pero el novio pertenece especialmente a Tiphareth, la esfera de Jesús. El nombre colectivo de los seis Sephiroth es Zauir Anpin, Microprosopus, el semblante menor, el novio. Kether, el primer Sephira, se conoce como Arik Anpin, Macroprosopus, el gran semblante, y emana a Chokmah, el Padre superno, también conocido como Abba, que significa "padre" en hebreo. Binah, el tercer Sephira, luego es emanado; es la Madre superna, Aima. Cuando estos dos Sephiroth se unen, forman a Elohim y producen una descendencia, el Hijo, Zauir Anpin, Microprosopus, el semblante menor, cuyas energías solares son concentradas en Tiphareth. Jesús se identifica como el Hijo, el novio mencionado en la parábola de las diez vírgenes.

Las cinco vírgenes prudentes son los cinco partzufim del árbol de la vida y también se identifican como la novia, Malkuth, la décima esfera, y consorte de Zauir Anpin.

En esta parábola podemos ver una clara alusión a los Sephiroth del árbol de la vida, revelando el conocimiento profundo que tenía Jesús de la cábala y su gran importancia en las enseñanzas.

Jesús siempre hablaba a las multitudes en parábolas, pero no a sus discípulos. Cuando éstos le preguntaron por qué usaba parábolas para instruir a la gente del común, Jesús dijo, "a ustedes les han sido dado a conocer los secretos del reino, más a ellos no les es dado. Por eso les hablo en parábolas: porque viendo no ven, y oyendo no oyen, ni entienden". Aquí Jesús estaba citando al profeta Isaías, quien había dicho lo mismo (Mateo 13:10). Más adelante, el mismo Mateo explica que Jesús hablaba en parábolas para cumplir la profecía de David en el salmo 78:2: "Abriré mi boca para hablar en parábolas; declararé cosas escondidas desde la fundación del mundo" (Mateo 13:35). Por lo tanto, hablar en parábolas fue otra forma en que Jesús se identificó con David, el Mesías.

Jesús a menudo enseñaba a sus discípulos a través de milagros; continuamente recalcaba la importancia de la fe (fuerza de voluntad) con cada presagio. En una ocasión, los discípulos estaban en una barca azotada por las olas con el viento en contra. Jesús llegó a ellos andando sobre el agua, y los discípulos quedaron aterrorizados, pues creyeron que se trataba de un fantasma. Jesús se identificó diciendo, "soy yo, no tengan miedo". Pedro le dijo, "Señor, si eres tú, mándame llegar a ti sobre el agua". Jesús respondió, "ven". Pedro se bajó de la barca y empezó a andar sobre el agua, pero entonces, al ver que el viento era fuerte, tuvo miedo y comenzó a hundirse. Le pidió a Jesús que lo salvara, y Jesús dijo, "hombre de poca fe, ¿por qué dudaste?"

En otra ocasión, él estaba andando con sus discípulos por un camino. Cuando tuvo hambre, se acercó a una higuera y buscó un fruto entre las hojas pero no halló ninguno. Inmediatamente maldijo el árbol por no tener frutos y se marchitó al instante. Cuando sus discípulos le preguntaron cómo había hecho eso, Jesús respondió, "en verdad les digo, si tienen fe y no dudan, no sólo harán lo que yo hice a la higuera, sino que si a esta montaña dijeran, 'sea alzada y arrojada al mar', sucederá. Todo lo que pidan en oración, teniendo fe, lo recibirán" (Mateo 21:21).

Jesús no estaba hablando metafóricamente en esta enseñanza; en realidad quería decir que la montaña podía ser arrojada al mar si la orden fuera dada con "fe". Se estaba refiriendo al inmenso poder de la mente humana cuando es conectada directamente con la fuerza universal que es Dios. Esta es una parte esencial e intrínseca de las enseñanzas cabalísticas. Todo es posible si la fe (la voluntad) del individuo es tan firme como para no permitir negativa. La fuerza de voluntad, unida a la inmensa energía cósmica, puede canalizar este poder asombroso y dirigirlo a lo que la persona desea lograr. Así es que los "milagros" suceden.

Tuve la oportunidad de probar esta enseñanza de Jesús cuando solicité un trabajo como editora en inglés para las Naciones Unidas en Viena. Cuando fui llamada para una entrevista personal en la sede central de esta organización en Nueva York, había veintiún candidatos esperando, todos compitiendo por el mismo puesto, y la mayoría de ellos mucho más capacitados que yo. Recordando las palabras de Jesús sobre el poder de la fe, tomé una respiración profunda, me concentré totalmente en el propósito de estar ahí, y me dije a mí misma, "este trabajo es mío; no sé por qué estas personas se encuentran aquí, están perdiendo el tiempo; este trabajo es mío". En mi mente no había duda alguna de que iba a conseguir el puesto que deseaba. Estaba tan segura de que obtendría el empleo, que cogí una revista y olvidé la entrevista. Estaba totalmente relajada y segura de mí misma; sabía que el puesto era mío. Varias horas más tarde, entré para mi entrevista. Las dos personas que estaban presentes miraron mi hoja de vida, me hicieron unas preguntas, y luego una de ellas me preguntó repentinamente, "¿qué tan pronto puede viajar a Viena". Unas semanas después, estaba camino a Austria.

Parece haber una fórmula en esta enseñanza de Jesús; se compone de dos ingredientes principales: uno es la fe y el otro es la ausencia de duda. Por eso Jesús le dijo a Pedro, "hombre de poca fe, ¿por qué dudaste?". De nuevo, cuando maldijo la higuera, dijo a sus discípulos, "si tienen fe y no dudan, pueden hacer esto y mucho más". Yo no tuve duda de que conseguiría el trabajo, y por eso lo conseguí.

A lo largo de los cuatro evangelios, constantemente encontramos la gran confianza en sí mismo de Jesús. Está totalmente convencido de que puede ayudar a la gente, convertir el agua en vino, andar sobre el agua, alimentar a miles con pocos peces y panes; no tiene duda de sus poderes, de su misión divina y su identidad como el Mesías. Proyecta una fe tan grande, que trasciende el mundo físico y se une con lo divino. Debido a que cree que puede hacer estos milagros y no tiene duda, el éxito está asegurado. El aspecto más asombroso de esta enseñanza es que él no afirma que tales poderes son estrictamente suyos; en lugar de eso, le dice a sus discípulos, y a nosotros a través de ellos, que podemos realizar los mismos milagros. En ninguna parte de los evangelios dice que él es el único que puede hacerlos. También afirma que no es el único Hijo de Dios, pues continuamente le dice a sus discípulos, "pídanle a su Padre estas cosas, y él se las dará". Al decir esto, está indicándonos que el "Padre", Kether, Macroprosopus, es el padre de todos, y que podemos aspirar a los poderes incorporados en el árbol de la vida.

Jesús, como Maestro, es el más grande regalo de Dios para el mundo; es una iluminación cósmica. Jesús abre el árbol de la vida para nosotros y lo hace disponible para todos. En ninguna parte se encuentra esto más claro que en la enseñanza de Jesús del paternóster.

II

EL PATERNÓSTER

Cuando estén de pie orando, perdonen,
si tienen algo contra alguno;
para que su Padre que está en los cielos
también les perdone sus ofensas.

—Jesús, Marcos 11:25

El paternóster (el padrenuestro) ha sido descrito por los teólogos cristianos como la oración perfecta. Después del rito del bautismo, es el lazo de unidad más conocido entre cristianos de toda tradición, y es recitado en todas las reuniones ecuménicas. Es una petición general en la que cada necesidad humana es puesta con plena confianza en las manos de un progenitor divino cuyo amor y compasión asegurarán que tales necesidades sean suplidas. Es significativo que esta petición no sea una súplica; el paternóster no "ruega" por ayuda o misericordia; dice a Dios exactamente lo que se necesita de él. Esto es muy característico de las enseñanzas de Jesús, donde la fe es absoluta y no hay duda del resultado de una oración o un acto de voluntad. Es tan grande la fe de Jesús en la infinita misericordia de Dios, que no duda que la oración será respondida. Por eso le dice a Dios qué quiere de él en el padrenuestro. Esto hace eco a su triple enseñanza: "Pidan, y se les dará; busquen, y hallarán; toquen, y se les abrirá (Mateo 7:7).

La siguiente es una versión del padrenuestro usada en servicios católicos y protestantes para jóvenes. Fue aprobada por un ente internacional y ecuménico conocido como International Consultation on English Texts.

Padre nuestro que estás en los cielos, santo sea tu nombre.
Venga tu reino. Hágase tu voluntad en la tierra como en el cielo.
Danos hoy nuestro pan de cada día.
Perdona nuestros pecados, como también nosotros perdonamos
a quienes pecan contra nosotros.
No nos pongas a prueba, mas líbranos del mal.
Porque el reino, el poder y la gloria, son tuyos ahora y para
siempre. Amén.

El paternóster aparece sólo en los evangelios de San Mateo (6:9–13) y San Lucas (11:1–4). Los dos evangelios difieren en la estructura interna de la oración. El segmento que dice "venga tu reino, hágase tu voluntad" aparece en Mateo pero no en Lucas. Algunas traducciones bíblicas modernas usan "y no nos pongas en tiempo de prueba", en lugar de "no nos metas en tentación". El "tiempo de prueba" es preferido porque implica conflicto con fuerzas espirituales y adversarios humanos. También es una versión más fiel del arameo original.

"Nuestro pan de cada día" se refiere a las necesidades materiales y espirituales. De este modo, el "pan material" puede incluir no sólo la comida, sino otras necesidades, tales como abrigo y ayuda económica. "Pan espiritual" se refiere a amor, paz y otros aspectos espirituales básicos.

La doxología que cierra el padrenuestro es sólo una nota de pie de página en la mayoría de versiones estándar de la Biblia, aunque la versión de San Jacobo la cita totalmente en el evangelio de San Mateo. Este famoso final del paternóster es recitado por el sacerdote y la congregación en la misa católica, pero no es mencionado por la mayoría de católicos al recitar en privado la oración. La mayoría de protestantes incluyen la doxología cuando reza el padrenuestro. La doxología dice, "porque tuyo es el reino, el poder y la gloria por siempre. Amén".

La doxología es un himno o fórmula de alabanza a Dios. La que aparece al final del padrenuestro fue incorporada en el siglo I, cuando apareció en el Didache, un corto manual de instrucción para conversos al cristianismo.

La siguiente es la versión aramaica del paternóster (vea Charlesworth, *Lord's Prayer*) como debe haber sido originalmente dada por Jesús a sus discípulos. El arameo ha sido trascrito para ayudar en la pronunciación real de la oración:

EL PATERNÓSTER EN ARAMEO

Avvon d-bish-maiya, nith-quaddash shimmukh.
Tih-teh mal-kutukh. Nih-weh shiw-yanukh:
Ei-chana d'bish-maiya: ap b'ar-ah.
Haw lan lakh-ma d'soonqa-nan yoo-mana.
O'shwooq lan kho-bein:
Ei-chana d'ap kh'nan shwiq-qan l'khaya-ween.
Oo'la te-ellan l'niss-yoona:
Il-la pash-shan min beesha.
Mid-til de-di-lukh hai mal-kutha
Oo kai-la oo tush-bookh-ta
L'alam al-mein. Aa-meen.

TRADUCCIÓN DEL ARAMEO AL ESPAÑOL

Nuestro Padre celestial, santificado es tu nombre.
Tu reino viene. Tu voluntad es hecha,
en el cielo como en la tierra.
Danos el pan para nuestra necesidad diaria.
Y déjanos serenos,
como permitimos a otros serenidad
Y no nos pases por prueba,
mas apártanos de lo malo.
Porque tuyo es el reino,
el poder y la gloria
hasta el fin del universo, de todos los universos. Amén.

El paternóster tiene siete peticiones, hechas a imitación de los salmos. Las primeras tres tienen que ver con la gloria de Dios:

Nuestro Padre celestial,

1. Santificado es tu nombre.
2. Tu reino viene.
3. Tu voluntad es hecha, en el cielo como en la tierra.

Notará que en la traducción de la versión aramaica estas tres peticiones están en presente. El nombre de Dios es santificado, su reino viene y su voluntad es hecha. En las versiones bíblicas estándar, este segmento aparece en futuro —el nombre de Dios será santificado, su reino vendrá, su voluntad será hecha—.

El énfasis en el presente en la versión aramaica es de vital importancia porque resalta la enseñanza de Jesús de la relevancia del "ahora" en todas las peticiones a Dios y todos los actos de voluntad. Para Jesús, las cosas deben suceder "ahora", porque "ahora" implica que la petición ya ha sido concebida. El nombre de Dios siempre es santificado, su reino siempre viene, y su voluntad siempre es hecha; no en el futuro, sino "ahora" y siempre. El énfasis en el presente no es encontrado en las versiones tradicionales de la Biblia, lo cual disminuye significativamente el poder de la oración.

Las otras cuatro peticiones buscan ayuda divina para la humanidad:

4. Danos el pan de nuestra necesidad diaria.
5. Y déjanos serenos, como permitimos a otros serenidad.
6. Y no nos pases por prueba,
7. Mas apártanos de lo malo.

La quinta petición busca recordarle a Dios que les hemos permitido la serenidad a los demás. Esto significa que les hemos perdonado sus ofensas, brindándoles paz de este modo. Por lo tanto, somos dignos de recibir el perdón de Dios por nuestros propios pecados. Por eso Jesús aconseja a los discípulos perdonar a sus deudores antes de rezar.

Luego la oración concluye con la doxología, glorificando a Dios:

Porque tuyo es el reino, el poder y la gloria hasta el fin del universo, de todos los universos. Amén.

Este extraordinario himno, en el arameo original, sigue con "por siempre jamás". La persona que lo escribió revela un conocimiento profundo de la cosmología, porque sabe que hay otros universos, algo que los astrofísicos sólo recientemente han descubierto. La doxología final del padrenuestro confirma la posición de Jesús como un cabalista consumado. El reino, el poder y la gloria se refieren al décimo, séptimo y octavo Sephiroth del árbol de la vida: Malkuth, el reino (10); Netzach, el poder (7); y Hod, la gloria (8). Los universos de los que habla Jesús en la doxología son los cuatro mundos emanados de Dios durante la creación: Atziluth, Briah, Yetzirah y Assiah. Claramente, vemos que el autor del paternóster conocía muy bien el árbol de la vida.

Es significativo que la doxología no aparezca en los evangelios. La razón para esta evidente omisión es que el himno de cierre es una enseñanza cabalística, y como tal es parte de las enseñanzas orales secretas de Jesús a sus discípulos. Los que escribieron el Didache pueden haber desconocido el secreto de estas enseñanzas y simplemente reintegraron la doxología a la oración.

Si la doxología de cierre es una revelación cabalística, el resto del paternóster es una fórmula cabalística igualmente potente. Veamos el árbol de la vida en la oración.

Kether (1)—*nuestro padre celestial*—Kether representa la fuerza creativa, emanada hacia abajo para crear el mundo. Como tal, es el Padre superno.

Chokmah (2)—*santificado es*—Chokmah representa la luz del Creador, su poder para otorgar energía cósmica; por lo tanto, se refiere a la santidad de Dios.

Binah (3)—*tu nombre*—En Binah encontramos por primera vez el poder de la esencia creativa de Dios en el nombre de Elohim, un principio masculino y femenino unido para el propósito de la manifestación.

Malkuth (10)—*tu reino viene*—Malkuth es el reino, la consolidación de la luz de la Divinidad en el mundo material. La creación es realizada.

Daath (0)—*tu voluntad es hecha*—Daath es el Sephira invisible; simboliza conocimiento, el resultado de la unión entre sabiduría (Chokmah) y entendimiento (Binah). En este conocimiento se establece la voluntad de Dios.

Kether (1)—*en el cielo*—Kether representa la luz no manifestada del Creador. Como tal, es equiparado con el cielo, el infinito.

Malkuth (10)—*como en la tierra*—Malkuth también simboliza tierra, el mundo físico.

Chesed (4)—*danos el pan para nuestra necesidad diaria*—Chesed es la esfera de misericordia, compasión y amor. Por lo tanto, sólo a través de este Sephira podemos recibir las dádivas de Dios.

Geburah (5)—*y déjanos serenos*—Geburah es justicia. Pedimos a Dios que nos perdone, como un juez que libera y por lo tanto perdona a un preso que es hallado inocente.

Tiphareth (6)—*como permitimos a otros serenidad*—Tiphareth es belleza; es en la belleza de nuestra alma que podemos encontrar la misericordia para perdonar a quienes nos han ofendido, y nuestro perdón a tales ofensas nos hace dignos de la justicia de Geburah.

Yesod (9)—*y no nos pases por prueba, mas apártanos de lo malo*—Yesod es base; también puede ser comparado con la raíz de todo mal y todo bien. Además, se le atribuyen los órganos sexuales, a menudo una fuente de prueba y tentación para la humanidad.

Malkuth (10)—*porque tuyo es el reino*—Aquí Malkuth, el reino de la tierra, es regresado a Dios, a quien legítimamente pertenece por ser el Creador.

Netzach (7)—*el poder*—Netzach representa victoria, el poder de la realización, de triunfo en todo nivel.

Hod (8)—*y la gloria*—Hod es la esfera donde todas las cosas se unen y son realizadas; es la gloria de la victoria de Netzach sobre todas las pruebas y tribulaciones.

Kether (1)—*hasta el fin del universo, de todos los universos*—Aquí reconocemos que finalmente todos debemos regresar al Creador, quien emanó éste y los otros universos.

En el paternóster, el árbol de la vida es atravesado empezando con los primeros tres Sephiroth para afirmar la divinidad de Dios y el poder de su voluntad. Inmediatamente alcanzamos el décimo y último Sephira, para "conectar en la tierra" el poder divino y realizar la creación. Las tres esferas siguientes (4, 5 y 6) son contactadas después para asegurar comodidades materiales y espirituales además de la serenidad del espíritu. Luego regresamos nuestra atención a la protección física y espiritual de todo daño a través de la novena esfera. Ahora que nuestras necesidades han sido cumplidas, reiteramos el poder y la gloria de Dios, y devolvemos al Creador el reino, incluyéndonos nosotros mismos y todo lo que hemos recibido. Finalizamos la oración aceptando que toda la creación retornará a Dios en la terminación de su plan.

Como podemos ver en la tabla 1, el árbol de la vida es identificado con el cuerpo humano. Al primer Sephira se le atribuye la coronilla; el segundo pertenece al lado derecho de la cara; el tercero al lado izquierdo de la cara; el cuarto al brazo y hombro derechos; el quinto al brazo y hombro izquierdos; el sexto al corazón; el séptimo a la cadera y el muslo derechos; el octavo a la cadera y el muslo izquierdos; el noveno a los órganos genitales; y el décimo a los pies. Esas partes del cuerpo pertenecen al árbol cuando lo vemos como un diagrama, esto es, desde afuera del mismo. Pero cuando vamos a situar los Sephiroth en nuestro cuerpo, el orden es invertido. Cuando nos convertimos en el árbol, las esferas derechas (Chokmah, Chesed y Netzach) son encontradas en el lado izquierdo del cuerpo, y las esferas izquierdas (Binah, Geburah y Hod) se localizan en la derecha. Las esferas de en medio conservan sus posiciones.

El padrenuestro debe ser dicho de pie. La forma más dinámica de recitar la oración y adquirir sus verdaderos poderes, es conectarla con los Sephiroth mientras la decimos. Para hacer esto, tocamos cada parte del cuerpo que pertenece a la esfera atribuida a cada segmento o petición del paternóster. Entonces se recita esa petición como sigue:

Toque la coronilla (Kether) y diga, *nuestro padre celestial.*

Toque la mejilla izquierda (Chokmah) y diga, *santificado es.*

Toque la mejilla derecha (Binah) y diga, *tu nombre.*

Señale los pies (Malkuth) y diga, *tu reino viene.*

Toque la garganta (Daath) y diga, *tu voluntad es hecha.*

Toque la coronilla (Kether) y diga, *en el cielo.*

Señale los pies (Malkuth) y diga, *como en la tierra.*

Toque el hombro izquierdo (Chesed) y diga, *danos el pan para nuestra necesidad diaria.*

Toque el hombro derecho (Geburah) y diga, *y déjanos serenos.*

Toque el centro del pecho (Tiphareth) y diga, *como permitimos a otros serenidad.*

Señale el área genital (Yesod) y diga, *y no nos pases por prueba, mas apártanos de lo malo.*

Señale los pies (Malkuth) y diga, *porque tuyo es el reino.*

Toque la cadera izquierda (Netzach) y diga, *el poder.*

Toque la cadera derecha (Hod) y diga, *y la gloria.*

Toque de nuevo la coronilla (Kether) y diga, *hasta el fin del universo, de todos los universos. Amén.*

Este es conocido como el paternóster cabalístico. Cualquiera que lo recite diariamente, conectándolo con los diez Sephiroth de la forma descrita, experimentará un cambio inmediato y muy positivo en su vida. El cuerpo entero se pone vibrante y lleno de fuerza y vitalidad. Más importante aun, las cosas parecen caer en su lugar correcto, las prioridades son revaloradas, y se siente de inmediato una gran paz interior y dominio de sí mismo. La oración no impide que surjan los problemas, pero ayuda a resolverlos.

Cuando se familiarice más con este corto ritual, podrá adicionar el poder de la visualización a la oración. Para hacer esto, puede empezar visualizando las imágenes telismáticas asociadas con cada esfera mientras dice la oración. Las imágenes son dadas en la tabla 1. Esto multiplicará diez veces el poder de la oración porque la integrará a su inconsciente profundo, donde yacen tales imágenes.

Si usted es cristiano, se sabe el padrenuestro de memoria y no quiere usar la versión aramaica presentada aquí, de todos modos puede lograr excelentes resultados recitando la oración que se sabe, pero conectándola con los diez Sephiroth.

En tiempos modernos, el paternóster refleja las necesidades de una comunidad y está basado en la esperanza escatológica, esto es, orar por la terminación del plan final de Dios. La escatología es una rama de la teología que tiene que ver con la finalidad de las cosas, tales como la muerte y la inmortalidad. Las peticiones concernientes al perdón, tentación y liberación del mal, son interpretadas por las iglesias cristianas en relación con los días finales. La oración es considerada una síntesis de la fe cristiana; su estructura equilibrada la hace una expresión de la jerarquía de valores bíblica, donde las cosas de Dios vienen primero, seguidas por los asuntos humanos.

La visión de Jesús, ejemplificada en el padrenuestro, es la de una total unión con Dios. Esta unidad anuncia que lo que se pide al Creador ya ha ocurrido, porque quien recita la oración tiene una fe plena, sin sombra de duda, de que su petición ha sido concedida antes de proferir las palabras. Eso está implícito en la sabiduría y el entendimiento omnisciente de Dios, representados por Kether, Chokmah y Binah: *Nuestro padre celestial, santificado es tu nombre.*

LAS LLAVES
DEL REINO

Y te daré las llaves
del reino de los cielos . . .
—JESÚS, MATEO 16:19

La palabra *mitzvah* significa "mandamiento" o "precepto"; se deriva del verbo hebreo zavah, "establecer" o "mandar". Según una antigua tradición, la Tora o Ley, dada por Dios a Moisés, incluye 613 mitzvoth (plural). De estos mandamientos, 365 son negativos y prohíben ciertos actos; simbolizan los días del año. Los otros 248 mandamientos son positivos y corresponden a diferentes partes del cuerpo. El erudito judío Maimónides fue el primero en derivar el número total de mitzvoth de la Tora en el siglo XII. Antes de él, nadie había podido determinar el verdadero número de mandamientos en la Tora porque están esparcidos entre los libros Éxodo, Levítico y Deuteronomio.

Los más conocidos de los 613 mitzvoth de la Tora son los diez mandamientos que Dios dio a Moisés en el monte Sinaí; también se conocen como decálogo. Según Éxodo 31:18, los diez mandamientos fueron inscritos en dos tablas de piedra por Dios, que fueron destruidas por Moisés en un arranque de ira debido al abandono de la fe de los israelitas. Después Dios le ordenó que preparara otras tablas en las cuales la Divinidad inscribió los mandamientos otra vez. Las nuevas tablas fueron guardadas en el arca de la alianza junto con la vara de Aarón y una vasija con maná, las hojuelas enmeladas que llovieron del cielo para alimentar a los hebreos durante su permanencia de cuarenta años en el desierto.

Hay dos versiones del decálogo dadas en las escrituras; una aparece en Éxodo 20:1–17 y la otra en Deuteronomio 5:6–21. La esencia de los mandamientos es la misma en ambos relatos, pero la versión en el Éxodo da un motivo religioso en lugar de humanitario para observar el sabbat. Además, en la prohibición de la codicia, clasifica a la esposa de un hombre con el resto de sus posesiones, y no separadamente, como en el Deuteronomio.

Debido a que el decálogo fue dado antes que las otras partes del pacto entre Dios y los hebreos, tuvo una condición única en el antiguo Israel. Los diez mandamientos formaban la base de toda la legislación de Israel y frecuentemente son citados en el Antiguo Testamento, especialmente en Levítico 19:3–4, Salmos 15:2–5, Jeremías 7:9 y Oseas 4:2.

El pacto entre Dios e Israel fue ratificado cuando Moisés leyó el libro del pacto a oídos del pueblo, el cual dijo, "haremos todo lo que el Señor ha dicho, y obedeceremos". Luego Moisés le roció a la gente sangre de los toros sacrificados y dijo, "he aquí la sangre del pacto que el Señor ha hecho con ustedes de acuerdo a todas estas palabras". Esto es relatado en Éxodo 24:7–8 y resalta la importancia que tenía la sangre en todos los pactos con Dios.

La mayoría de eruditos modernos cree que el libro del pacto incluía una sección de Éxodo 20:23 a 23:33, pero nadie conoce el alcance total de este libro.

Los diez mandamientos son enumerados de forma distinta en el judaísmo y el cristianismo. En la tradición judía son:

1. Yo soy el Señor tu Dios. (Conocido como prólogo).

2. No tendrás otros dioses delante de mí, no harás imágenes ni las honrarás.

3. No tomarás el nombre del Señor tu Dios en vano.

4. Acuérdate del sabbat (día de reposo), para santificarlo. Seis días trabajarás, mas el séptimo día es reposo del Señor tu Dios; no harás en él trabajo alguno, tú, ni tu familia, ni tus criados, ni tus animales.

5. Honrarás a tu padre y tu madre.

6. No matarás.

7. No hurtarás.

8. No cometerás adulterio.

9. No hablarás falso testimonio contra tu prójimo.

10. No desearás la mujer de tu prójimo ni codiciarás nada que sea de tu prójimo.

De estos mandamientos o mitzvoth, dos son positivos y siete negativos. Los positivos son el cuarto y el quinto; el resto son negativos, excepto el prólogo, donde la Divinidad se presenta como el Señor Dios de Israel.

La mayoría de cristianos protestantes y ortodoxos combinan el prólogo y la prohibición de la adoración de otras deidades como el primer mandamiento. La prohibición de imágenes y la idolatría es el segundo, y el resto de mandamientos siguen la enumeración judía tradicional.

Los católicos romanos y luteranos siguen la enumeración sugerida por San Agustín, el teólogo del siglo IV (vea St. Augustine, Confessions). En esta enumeración, el prólogo y las prohibiciones respecto a la adoración de otras deidades conforman el primer mandamiento. El último mandamiento se divide en dos, el deseo de la mujer del prójimo y la codicia de sus propiedades. El mandamiento que prohíbe crear imágenes y adorarlas no es incluido en el decálogo católico. Por lo tanto, a diferencia de los protestantes, quienes listan este mandamiento y evitan todas las imágenes, los católicos tienen imágenes de Jesús, María, ángeles y varios santos. Estas imágenes no son adoradas sino vistas como enfoque para la fe cristiana. Muchos católicos defienden su uso de imágenes, argumentando que incluso los judíos, quienes se alejan de todas las formas talladas, ponían las imágenes de dos querubines a los lados del arca de la alianza. Los siguientes son los diez mandamientos católicos:

1. Yo soy el Señor tu Dios. No tendrás otros dioses delante de mí.

2. No tomarás el nombre del Señor tu Dios en vano.

3. Recuerda observar el sabbat (día de reposo).

4. Honrar a padre y madre.

5. No matarás.

6. No cometerás adulterio.

7. No hurtarás.

8. No hablarás falso testimonio contra tu prójimo.

9. No desearás la mujer del prójimo.

10. No codiciarás nada que sea de tu prójimo.

Santo Tomás de Aquino y San Buenaventura creían que los mandamientos son parte de las leyes de la naturaleza y como tales son conocibles por toda persona pensante. Ellos sostenían que Dios reveló los mandamientos a Moisés para recordarle a la humanidad sus obligaciones, que fueron olvidadas a causa del pecado original. Tertuliano y San Agustín expresaron una idea similar al decir que los mandamientos ya habían sido grabados en el corazón humano antes de ser inscritos en tablas de piedra.

Aunque otros sistemas religiosos antiguos, tales como el babilonio y el egipcio, tenían códigos de conducta moral, los diez mandamientos se diferencian de ellos en su monoteísmo explícito.

En el Nuevo Testamento todos los mandamientos son mencionados, pero no en una lista de diez. Aunque Jesús dijo que no venía a abolir la ley sino a cumplirla, quiso reinterpretar los mandamientos a su manera. De este modo, permitió que sus discípulos cogieran granos de los campos para comer en el sabbat, y curó la mano seca de un hombre en ese día sagrado. Luego le dijo a los fariseos que estaban esperando para condenarlo, que era lícito hacer el bien el día de reposo. Amplió el mandamiento que prohíbe el adulterio, diciendo que cualquiera que mire a una mujer para codiciarla, ya adulteró con ella en su corazón. Igualmente, aumentó el mandamiento que prohíbe matar, diciendo que cualquiera que se enoje contra otro sin causa, también pone en peligro su alma. Advirtió sobre el mandamiento que prohíbe tomar el nombre de Dios en vano, diciendo que es mejor no jurar en lo absoluto, ya sea con razón o falsamente. También reinterpretó varios de los 613 estatutos, incluyendo la ley mosaica que permite a un hombre divorciarse de su mujer. Explicó que Moisés había dado a los judíos esa ley debido a la dureza de sus corazones, pero que era incorrecto que un hombre se divorcie de su esposa excepto por inmoralidad sexual.

Las enseñanzas de Jesús son paralelas a los diez mandamientos. La mayoría de ellas también se dividen en mitzvoth positivos y negativos, pero algunas son series de instrucciones de conducta moral. Las enseñanzas centrales suman 32, y son el fundamento de los 32 caminos del árbol de la vida.

Las primeras diez enseñanzas están identificadas con los diez Sephiroth que, como hemos visto, también son los diez primeros caminos del árbol.

Debe observarse que en ninguna parte en los diez mandamientos Dios pide a Israel que lo amen; el amor no es un mitzvah. Dios, en su infinita sabiduría, sabe que no puede exigir amor de un ser humano. El amor debe ser dado libremente, o no dado en lo absoluto. Sin embargo, Jesús pone el amor de Dios por encima de todas las cosas, e instruye a sus discípulos sobre la importancia de este amor divino; es el primero y más básico de sus mandamientos. Los siguientes son los diez mandamientos de Jesús, identificados con los diez Sephiroth del árbol de la vida:

1. Kether—Ama a Dios con todo tu corazón, tu alma y tu mente.

2. Chokmah—Ama a tu prójimo como a ti mismo.

3. Binah—Ama a tus enemigos, bendice a quienes te maldicen, haz el bien a quienes te odien, y reza por quienes te persiguen.

4. Chesed—Al dar limosna, asegúrate de que tu mano izquierda no sepa lo que hace la derecha.

5. Geburah—No juzgues para que no seas juzgado.

6. Tiphareth—No pongas tu luz debajo de una cesta, sino sobre un candelero, para que toda tu casa sea iluminada.

7. Netzach— No tires perlas delante de los cerdos.

8. Hod—Pide, y se te dará; busca, y hallarás; toca, y se te abrirá.

9. Yesod—Entra por la puerta estrecha, porque ancha es la puerta que lleva a la destrucción.

10. Malkuth—Te daré las llaves del reino de los cielos; todo lo que ates en la tierra será atado en los cielos, y todo lo que desates en la tierra será desatado en los cielos.

    Daath—Esta es la esfera oculta, conocimiento. Aunque no está enumerada, también hay una enseñanza de Jesús asociada con ella: no hay nada cubierto que no sea descubierto, ni nada oculto que no sea revelado.

Como vimos antes, algunos de los mandamientos de Jesús son positivos, otros son negativos, y también hay instrucciones o revelaciones. Los primeros tres mandamientos son positivos y tienen que ver con el amor.

El primer mandamiento nos pide amar a Dios con todo nuestro corazón, alma y mente. Está asociado con Kether porque en este Sephira es donde reside la energía divina que conocemos como Dios. Aquí Jesús revela que Dios es amor y que para conectarnos con su infinito poder debemos amarlo. Nada es posible, dice Jesús, sin esta conexión divina. Tenemos que amar a Dios totalmente, entregarnos a su sabiduría y compasión, y aceptar sus decisiones como nuestras. Cuando amamos a Dios plenamente, hacemos su voluntad con gozo, obedeciendo cada uno de sus mandamientos. Cuando hacemos esto nos incluimos en su pacto, y nuestra voluntad es una con la suya. Aquí hay gran sabiduría, porque cuando nuestra voluntad está unida a la de Dios, podemos lograr cualquier cosa; hemos fusionado nuestra mente, corazón y alma con la mente, el corazón y el alma del universo.

Los ángeles, que han sido definidos como ideas de Dios, tienen fuerza de voluntad limitada, pero el amor por su creador es tan grande que incluso esa voluntad limitada es puesta a su disposición. Por otra parte, los seres humanos tenemos un libre albedrío total. Podemos hacer lo que queremos, actos buenos y malos; es nuestra elección, dada a nosotros por la ilimitada misericordia de Dios en el principio de la creación. La Divinidad nos dio el libre albedrío porque quiere que decidamos qué dirección vamos a seguir. Los diez mandamientos y los 613 estatutos del Antiguo Testamento son una guía que nos dio para ayudarnos en nuestro camino evolutivo. Depende de nosotros seguir o no esta guía; si lo hacemos, será mucho más fácil el viaje.

Como hemos visto, el paternóster fue creado a imitación de los salmos. Jesús, quien creía ser el Mesías, se identificó totalmente con David, el supuesto autor de la mayoría de los salmos. El salmo 91 es uno de los más famosos cánticos de alabanza, y es especialmente notable porque se divide en tres partes. En la primera parte (versículos 1–2), el salmista expresa su confianza en Dios y su poderosa protección; en la segunda (versículos 2–13), describe las diversas formas en que obra la protección divina; y en la tercera (versículos 14–16), es Dios mismo quien habla a través del salmista, diciendo:

> Aquellos que me aman les responderé;
> protegeré a quien conoce mi nombre.
> Me invocará, y yo le responderé.
> Estaré con él en la angustia;
> lo libraré y lo glorificaré.
> Con larga vida lo satisfaré,
> y le mostraré mi salvación.

En este pasaje es claro que amar a Dios y conocer su nombre tiene ventajas. Según el salmo 91, una persona que ame a Dios gozará de la protección divina y tendrá una larga vida llena de honores. Además, cuando acuda a Dios por ayuda, él le responderá, lo cual es lo mismo que decir que Dios concederá sus deseos. Todo lo que necesita es amar a Dios y conocer su nombre. Por eso Jesús les pidió a sus discípulos que amaran a Dios con todo su corazón, alma y mente.

Como hemos visto, Dios tiene muchos nombres, pero el que debe ser conocido en el salmo 91 es el asociado con Kether, la primera esfera del árbol de la vida, donde la luz de Dios se manifestó primero como el universo creado. Este nombre es Eheieh, el Padre, el Creador.

Una vez que el nombre es conocido, la persona debe llenar su corazón, alma y mente con amor por su creador. El agradecimiento por la vida y la conciencia, el aprecio por las maravillas de la tierra y el universo, el reconocimiento de que los males que acosan al mundo no son creación de Dios sino nuestra, y el conocimiento de las infinitas posibilidades que están a nuestra disposición para transformar y mejorar la vida por medio de la fuerza de voluntad —todas estas cosas pueden contribuir mucho en sembrar la semilla de amor en nuestro ser por la fuerza creativa que las hizo posible—. Esta es la semilla de *devvekut*, devoción total a Dios. El siguiente paso es devolver a la Divinidad el don de la fuerza de voluntad.

Hay un ritual sencillo que puede ser usado para seguir este primer mandamiento de Jesús. El día de Luna nueva, la persona que desea hacer este ritual de devvekut, esto es, abrazar a Dios y su voluntad, se viste de blanco y mira hacia el Este, donde el Sol sale cada mañana. Debe estar descalza y bien limpia. Luego abre los brazos completamente y dice:

> Mi Creador y Padre, AHIH (Eheieh), luz infinita del cosmos, de hoy en adelante prometo mi amor y entrego mi voluntad a ti. La regreso a ti como tú me la diste en mi creación. Quiero ser uno contigo. Tu voluntad es la mía, ya sea que me beneficie o no. Te doy mi amor como mi último acto de libre albedrío. En tus manos divinas confío mi vida, cuerpo, mente y alma. Hágase tu voluntad, que es mi voluntad, ahora y para siempre; hasta el fin de este universo y todos los universos. Amén.

Después de este corto ritual, la persona reanuda su vida normal pero con una gran diferencia. Estando unida a la voluntad de Dios, lo que la persona quiera pasará, con tal de que obedezca las leyes divinas y tenga una total fe (sin dudas) en el resultado de su deseo. Sin embargo, debido a que se ha aferrado a la voluntad de Dios, cada vez que algo deseado no se haga realidad, o cuando pasen cosas negativas, estos sucesos también deben ser aceptados sin duda como la voluntad divina. No obstante, sucederán más cosas positivas que negativas, y cuando pase el tiempo y la unión de la persona con lo divino se haga más fuerte, eventos realmente milagrosos ocurrirán en su vida.

El segundo de los mandamientos de Jesús dice, "ama a tu prójimo como a ti mismo". Es identificado con el segundo Sephira del árbol de la vida porque de la misma forma que Chokmah fluye de Kether, el amor fluye de Dios a los que nos rodean. El "prójimo" simboliza toda la humanidad y el universo creado. Por lo tanto, debemos amar todo lo que existe de la misma forma que nos amamos a nosotros mismos.

El tercer mandamiento es una extensión del segundo. Debemos amar todo lo que existe, incluyendo a quienes nos odian y nos hacen daño; este amor implica comprender sus motivos. Por eso este mandamiento está asociado con el tercer Sephira, Binah, que significa entendimiento. Es "comprensiblemente" difícil amar a nuestros enemigos, aunque este amor no necesita ser devoción, sino aceptación del derecho de dichas personas a sobrevivir porque son parte de la creación, que debe ser sagrada para nosotros. A la luz de la ley de tres, que ya vimos, dejamos el castigo de quienes nos tratan mal, en manos de la fuerza creativa del universo, y se hará justicia en nombre de nosotros multiplicada por tres. Por otra parte, si bendecimos a quienes nos maldicen, hacemos el bien a los que nos odian, y rezamos por quienes nos persiguen, recibiremos las bendiciones del Creador, también multiplicadas por tres. No es casualidad que el Sephira asociado con este mandamiento de Jesús sea el tercero.

Daath, la esfera oculta que conecta a Chokmah y Binah, significa conocimiento. La enseñanza identificada con Daath es, "no hay nada cubierto que no sea descubierto, ni nada oculto que no sea revelado". No es un mandamiento sino una instrucción; se refiere al conocimiento oculto en Daath que será revelado por medio de las diversas llaves.

Los mandamientos del cuarto al noveno son mitzvoth; del cuarto al séptimo son negativos, y los otros dos son positivos. Todos estos mandamientos son llaves secretas, como los primeros tres. Si son cumplidos, ayudarán al individuo en sus búsquedas personales.

Los últimos siete Sephiroth del árbol de la vida son usados para adquirir cosas en el mundo material; en otras palabras, se utilizan para peticiones. Los primeros tres, conocidos como los supernos, nunca son empleados para propósitos materiales. Los Sephiroth de las columnas izquierda y derecha deben ser usados en conjunto con sus opuestos durante rituales y meditaciones desarrollados para hacer realidad algo. Esto es necesario para asegurar que los tres siempre estén en equilibro. Los Sephiroth del pilar medio son utilizados solos.

Por ejemplo, cualquier trabajo que sea hecho en Chesed, el cuarto Sephira, debe estar ligado al trabajo con el quinto, Geburah, que se encuentra en frente de él. Igualmente, cualquier trabajo en el séptimo Sephira, Netzach, debe hacerse en conjunto con el octavo, Hod.

En el paternóster encontramos la misma división de poder que hay en el árbol de la vida.

El cuarto mandamiento de Jesús dice, "cuando des limosna, asegúrate de que tu mano izquierda no sepa lo que hace la derecha". Debido a que Chesed, la cuarta esfera, significa compasión, cualquier limosna estará asociada con él. Por lo tanto, este mandamiento es identificado con Chesed.

Como vimos antes, en el padrenuestro, las primeras tres peticiones son dedicadas a la gloria de Dios; no se pide nada personal. Estas tres peticiones están identificadas con las primeras tres esferas del árbol de la vida y los tres primeros mandamientos de Jesús. Las peticiones para necesidades personales comienzan con los siete Sephiroth inferiores, identificados con los mandamientos de Jesús.

El cuarto mandamiento es identificado con Chesed, al cual pertenece también la petición del paternóster: "danos hoy nuestro pan de cada día".

Chesed representa misericordia, compasión y generosidad. Por lo tanto, en esta esfera le pedimos a Dios "nuestro pan de cada día", que incluye todas nuestras necesidades materiales. Chesed es la esfera de prosperidad, abundancia y viajes largos. Bancos, empresarios y personas en puestos de poder que pueden ser de ayuda, caen bajo la égida del cuarto Sephira; aquí es donde debemos trabajar si necesitamos un préstamo bancario, queremos comprar una casa, conseguir un empleo, obtener un aumento o tener éxito en la vida. Jesús habla de la limosna en el mandamiento identificado con esta esfera; dice que cuando demos limosna, nadie debe darse cuenta de nuestras buenas acciones. Esta es la clave para trabajar dicha esfera. Lo que en realidad está indicando Jesús es que si queremos la abundancia y prosperidad que promete esta esfera, primero debemos dar limosna; tenemos que dar para recibir, y hacerlo en secreto. Nadie debe saber, ni siquiera quien recibe nuestra caridad, que lo hemos ayudado. Esto significa que como parte del trabajo en esta esfera, tenemos que escoger una persona o sociedad benéfica y enviarle una contribución anónima, que debe ser un décimo de nuestra ganancia de una semana de trabajo. Como la semana tiene siete días, esto se refiere a los siete Sephiroth donde es hecho el trabajo en el árbol para ganancia material. El décimo o diez por ciento es la cantidad mencionada en las escrituras como perfecta para dar limosna. La contribución generosa es más significativa si hay un verdadero sacrificio por parte del dador; también asegurará que todo lo pedido a Dios será concedido.

El quinto mandamiento de Jesús dice, "no juzgues para que no seas juzgado", y es identificado con el quinto Sephira, Geburah, que representa justicia, juicio y severidad. Cuando el trabajo para obtener dinero o prosperidad es hecho en Chesed, la quinta esfera debe estar equilibrada. El quinto mandamiento indica que no nos debe interesar lo que sucede con el dinero que hemos dado como limosna, ni preguntarnos si la persona o institución a quien dimos la ayuda es digna de nuestro sacrificio. Una vez que el dinero es enviado, el asunto está fuera de nuestras manos.

Los nombres de Dios que pertenecen a Chesed y Geburah deben ser mencionados cuando la limosna es dada. El salmo 91 dice que Dios protegerá a quienes conocen su nombre, y éste es diferente en cada esfera del árbol de la vida. En Chesed, su nombre es El; en Geburah, su nombre es Elohim Gebor. Por lo tanto, al pedir abundancia y prosperidad a través de Chesed, debemos decir: "en nombre de El y Elohim Gebor, doy esta limosna para que mi petición sea realizada por la voluntad de Dios". Hay que prender una vela azul mientras el nombre de El es pronunciado, y una roja para el nombre Elohim Gebor.

Este trabajo es hecho idealmente en Luna nueva o creciente.

La persona debe estar limpia, vestida de blanco y descalza. La razón por la que no son usados zapatos durante estos rituales se remonta a Moisés y el arbusto en llamas, cuando le fue indicado que se quitara las sandalias porque estaba sobre suelo sagrado. Cualquier lugar donde Dios sea invocado ritualmente es tierra sagrada, incluyendo nuestra casa.

El ritual con Chesed descrito aquí es sencillo, pero muy poderoso, y siempre es efectivo.

La esfera de Geburah representa asuntos legales, jueces, militares, guerra, enemigos, cirugías y cirujanos, bomberos, policías y severidad.

Cuando es necesario trabajar en este Sephiroth para superar cualquiera de los problemas asociados con la esfera, se usa el mismo ritual de Chesed pero el nombre de Dios en Geburah es mencionado primero; además, la vela roja es encendida antes que la azul. La limosna también debe ser dada para equilibrar los dos Sephiroth. El propósito del ritual, esto es, lo que se desea, debe ser mencionado en ambos rituales. Por ejemplo, si la persona que desarrolla el ritual va a enfrentar una cirugía riesgosa, diría: "en nombre de Elohim Gebor y El, pido que mi cirugía sea exitosa y segura; doy limosna para que mi petición sea realizada por la voluntad de Dios". Luego prende la vela roja seguida por la azul. La limosna debe ser enviada inmediatamente después del ritual.

El sexto mandamiento dice, "no pongas tu luz debajo de una cesta, sino sobre un candelero para que toda la casa sea iluminada". Este mandamiento es identificado con Tiphareth, la esfera del Sol, y representa la luz central del árbol de la vida, que desciende directamente de Kether, la luz infinita de Dios. Esta luz cósmica es filtrada a través de Daath, la esfera oculta. Por eso el nombre de Dios en Tiphareth es Jehovah Elo Ve Daath. Jehovah es el nombre más sagrado de Dios, el Tetragrammaton. Jehovah Elo Ve Daath significa que AHIH (Eheieh), el nombre de Dios en Kether, la primera esfera, es transmutado a IHVH a través del conocimiento oculto en Daath cuando alcanza el sexto Sephira, Tiphareth. Mientras Kether es luz cósmica indefinida, Tiphareth es luz física manifestada en los rayos del Sol. Esta luz ilumina todo el sistema solar, alimentando cada uno de sus planetas.

Cuando Jesús dice que no escondamos nuestra luz sino que la pongamos donde ilumine toda la casa, se está refiriendo a la luz del Sol que es compartida generosamente con todos los planetas del sistema solar. Los planetas son "toda la casa" que Jesús menciona en este mandamiento.

Al igual que el Sol, debemos dejar que nuestra luz, esto es, nuestro amor, y todas las cualidades que recibimos de esferas superiores, brillen sobre quienes nos rodean. El título de Tiphareh es belleza, refiriéndose a la belleza del alma, la luz del espíritu y la mente humana.

Desde su posición en el centro del árbol, Tiphareth se conecta con ocho de los otros Sephiroth; el único que no está conectado con él es Malkuth, identificado como el planeta Tierra. Esto sucede porque Malkuth es una esfera caída donde moran las sombras de los Qlippoth.

Tiphareth representa riqueza, buena salud, éxito, poder mental y poder en general. Cuando necesitamos trabajar con este Sephira para obtener cualquiera de sus cualidades, debemos compartir nuestra luz, nuestro amor y nuestros dones en cierta medida, con ocho personas representadas por las ocho esferas a las cuales está conectado Tiphareth. Estas personas deben ser escogidas cuidadosamente, y luego tenemos que compartir algo de nosotros con cada una de ellas, de acuerdo con sus necesidades. Estos obsequios pueden incluir consejos, perdón de una deuda u ofensa, amor, compasión, dinero o cualquier cosa que necesiten y nosotros podamos dar.

La parte del padrenuestro correspondiente a Tiphareth es "como permitimos a otros serenidad". Serenidad es paz, y paz es lo que daremos a estas ocho personas al compartir nuestra luz.

Después de nuestro regalo de luz y serenidad, podemos pedirle a Dios lo que queremos de la esfera de Tiphareth, y será concedido. La persona que desarrolla el ritual con Tiphareth dice, "en nombre de Jehovah Elo Ve Daath, como he dado luz y serenidad a otros, pido que mis deseos sean realizados por el poder de la voluntad de Dios". Todo lo que se desea de la esfera debe ser mencionado. Por ejemplo, si se necesita buena salud, la persona debería decir, "pido que mis deseos sean cumplidos y la buena salud retorne a mi cuerpo, mente y alma, por el poder de la voluntad de Dios". Luego hay que encender una vela amarilla o dorada.

El séptimo mandamiento de Jesús dice, "no tires perlas delante de los cerdos", y es identificado con Netzach, la séptima esfera. El título de Netzach es poder, victoria; representa amor, artes, música, diversión y placeres —todo lo que hace que valga la pena vivir—. Estas son "perlas" de gran valor y no deben ser desperdiciadas en quienes no las aprecian. El séptimo mandamiento requiere un minucioso escrutinio de lo que se pide a través de esta esfera. Por ejemplo, si lo deseado es el amor de alguien, la persona que hace el ritual debe asegurarse de que el objeto de su afecto realmente lo merece. Esto es importante porque Netzach es victoria y poder, y todo lo pedido a través de esta esfera es concedido inmediatamente. Esta es una de las esferas más fáciles de trabajar porque actúa en conjunto con Hod, el octavo Sephira, donde todos los pensamientos se unen y son manifestados como realidad. Pedir el amor de alguien indigno a través del poder de Netzach es un gran error, porque una vez que este amor es asegurado, será para siempre. Si la persona se arrepiente después, encontrará muy difícil cortar estos lazos cósmicos y estará atada a una pareja indeseada el resto de su vida. Por eso Jesús nos advierte de no tirar perlas delante de los cerdos. Si, después de una profunda consideración, aún desea el amor de esa persona, todo lo que debe hacer es decir, "en nombre de Jehovah Tzabaoth y Elohim Tzabaoth, quiero que mi petición sea realizada y el amor de esta persona me sea dado por la voluntad de Dios". Jehovah Tzabaoth es el nombre de Dios en Netzach, y Elohim Tzabaoth es el nombre en la esfera opuesta, Hod. Luego hay que encender una vela verde, que es el color de Netzach, y una anaranjada, el color de Hod. En este punto, la persona debe establecer un vínculo con Hod para equilibrar el árbol y conseguir lo que pidió.

El octavo mandamiento, identificado con Hod, el octavo Sephira, es: "Pide, y se te dará; busca, y hallarás; toca, y se te abrirá". Esto significa que debemos buscar a la persona que deseamos y pedir su amor; esta es una parte esencial del ritual y debe ser hecha para que sea efectivo.

El título de Hod es gloria, esplendor, y representa papeles, asuntos comerciales y contratos. Para obtener cualquier cosa que caiga bajo la influencia de Hod, también debemos conectarnos con Netzach, su opuesto, y usar un profundo discernimiento para asegurar que lo deseado vale la pena. Si lo que queremos es entrar a una sociedad comercial con una persona u organización, debemos asegurar que es digna de confianza y que el acuerdo es justo para ambas partes. Luego hay que decir, "en nombre de Elohim Tzabaoth y Jehovah Tzabaoth, pido que mi deseo sea realizado y consolide el negocio con esta persona (o institución) por el poder de la voluntad de Dios". Luego prendemos una vela anaranjada y una verde y procedemos a pedirle a la persona o personas involucradas lo que deseamos de ellas.

El noveno mandamiento dice, "entra por la puerta estrecha, porque ancha es la puerta que lleva a la destrucción", y está asociado con el noveno Sephira, Yesod. Esta es la esfera de los sueños, viajes cortos, mudanzas y cambios; también tiene que ver con ilusiones y tentaciones. En el paternóster, se relaciona con el segmento que dice, "y no nos pases por pruebas, mas apártanos de lo malo". Lo "malo" se refiere a todas nuestras tendencias destructivas, el lado negativo de nuestra naturaleza. Yesod es identificado con la Luna, que, pese a sus grandes energías creativas, nunca es una influencia estable debido a su rápido movimiento. La Luna permanece aproximadamente dos días y medio en cada signo del zodiaco. En contraste, el Sol permanece treinta días en un signo, y Saturno, treinta años. Por eso una de las influencias de Yesod es el cambio, pues la Luna está cambiando constantemente. Las tentaciones de Yesod son pruebas dolorosas para los seres humanos porque aquí nos encontramos en la esfera de las ilusiones, donde las cosas no son lo que parecen. Este es el Sephira más importante para el trabajo ritual y el más peligroso. La Luna (Yesod) está entre la Tierra (Malkuth) y el Sol (Tiphareth) en el árbol de la vida. Por tal razón, el Sol de Tiphareth está en constante eclipse para la Tierra; sólo a través de la Luna de Yesod recibimos parte de la luz divina. Para recibir esta luz cósmica plenamente, debemos avanzar a través de Yesod hasta Tiphareth, y desde este Sephira hasta Kether.

Pero el camino está lleno de obstáculos y peligros, las muchas tentaciones e ilusiones de Yesod. Por eso Jesús dice, "entren por la puerta estrecha, porque ancha es la puerta que lleva a la destrucción". Esto significa que nunca debemos tomar el camino fácil en una situación dada; nunca debemos decidir rápidamente sin analizar las cosas, dar cabida a ilusiones fantasiosas, ni rendirnos a nuestros impulsos destructivos. Es mejor controlar las fantasías, tomar con cuidado cada decisión, y desechar las ideas que pueden llevarnos por un mal camino, sin importar cuán buenas parezcan. La prudencia y el cuidado son las herramientas que asegurarán nuestra seguridad en las trampas de Yesod; son la "puerta estrecha" de la que habla Jesús. El título de Yesod es base; ésta debe estar fundada en la claridad mental y la fuerza del propósito.

Si usted está considerando un movimiento o cambio importante en su vida, y quiere realizarlo a través de Yesod, debe tomar en consideración todas estas cosas antes de hacer el ritual. Pregúntese a sí mismo si el cambio es lo ideal para usted, o si sería aconsejable esperar algo mejor. Si está seguro que desea ese cambio, proceda con el ritual. Todo lo que debe decir es, "en nombre de Shaddai el Chai (nombre de Dios en Yesod), pido que mi deseo sea realizado y que este cambio (movimiento o viaje) tenga éxito por el poder de la voluntad de Dios". Luego encienda una vela violeta, el color de Yesod.

El décimo mandamiento no es un mitzvah; es una promesa que Jesús hizo a Pedro y, a través de él, a nosotros. Dice, "te daré las llaves del reino de los cielos; todo lo que ates en la tierra, será atado en los cielos; y todo lo que desates en la tierra, será desatado en los cielos".

Este mandamiento es identificado con Malkuth, la décima esfera, que también es la Tierra; es la llave principal para abrir los misterios del árbol de la vida. Jesús quiere decir que lo que deseemos en la Tierra (el mundo material), tendrá un eco en el cielo (el mundo de la mente y el espíritu), haciendo que lo deseado se manifieste en el plano físico. Igualmente, es posible "desatar", deshacer o cambiar las cosas en el mundo material de la misma forma. Esto es posible cuando la voluntad humana ha sido devuelta a Dios, haciéndola una con la del Creador. Para lograr todo esto, debemos tener las llaves, y éstas son las enseñanzas de Jesús incorporadas en sus mandamientos. Cada una de las enseñanzas tiene significados secretos, como ya hemos visto.

El título de Malkuth es el reino; no se trata de un reino material, sino del reino de los cielos. Jesús reservó su mandamiento más importante para esta esfera, donde se concentran todas las energías cósmicas, y las voluntades divina y humana son manifestadas. Además, él promete las llaves del reino de los cielos a través de sus enseñanzas. Durante su predicación solía decir, "quien tenga oídos, que oiga"; se refería al significado secreto de sus enseñanzas. Cualquiera que tuviera "oídos", esto es, las llaves, entendería lo que él estaba diciendo.

Malkuth es el Sephira donde toman lugar todos los actos físicos. El pensamiento, la visualización, la meditación y las resoluciones deliberadas se conducen en Yesod. Por eso es importante "entrar por la puerta estrecha", esto es, ser prudente en el uso de la imaginación. Todo lo que es "imaginado" en Yesod con suficiente poder mental, se manifestará físicamente en Malkuth o el mundo físico. Anteriormente vimos que Dios primero "pensó" en la creación antes de que fuera manifestada. De la misma forma, podemos "pensar" en cualquier número de situaciones, positivas o negativas. Si constantemente tenemos pensamientos de pobreza y desgracia, en realidad estamos "creando" esas condiciones indeseables como parte de nuestra esfera del ser. Por otra parte, si nos imaginamos constantemente sanos, ricos y felices, con el tiempo veremos que estos cambios positivos se presentan en nuestra existencia. Labramos la vida con los pensamientos (Yesod), que continuamente son manifestados en Malkuth (realidad).

Los caminos 11–33 del árbol de la vida son identificados con las correspondientes enseñanzas o mandamientos de Jesús. Estos caminos no están destinados a un "trabajo" real en el árbol; en lugar de eso, sirven para conectar los diez Sephiroth e iluminarlos. Uno viaja por los caminos entre esferas pero sin detenerse; son senderos de diversos grados de iluminación. Viajar a lo largo de los caminos se conoce como "trabajo de camino".

Los siguientes son los 22 caminos que conectan los diez Sephiroth, y los mandamientos de Jesús identificados con ellos.

CAMINO II

Este camino conecta a Kether (1) y Chokmah (2). La enseñanza de Jesús identificada con él es: "Con Dios todas las cosas son posibles".

Con esta enseñanza Jesús reitera la importancia de amar a Dios y unir nuestra voluntad con la suya. Ella ilumina los dos primeros mandamientos: Ama a Dios con todo tu corazón, mente y alma, y ama a tu prójimo como a ti mismo. Si hacemos estas dos cosas, todo es posible para nosotros.

CAMINO 12

Este camino conecta a Kether (1) y Binah (3). La enseñanza asociada con él es: "Tu Padre sabe lo que necesitas antes que le pidas".

Esta enseñanza ilumina el primer y tercer mandamiento: Ama a Dios y ama a tus enemigos. Dios sabe cuán difícil es amar a alguien que nos odia o causa daño. Si hacemos algo tan difícil es porque amamos a Dios y queremos obedecerlo. Por lo tanto, Dios recompensará nuestro amor dándonos todo lo que necesitamos sin tener que pedírselo. Tan poderosos son estos tres primeros mandamientos y sus correspondientes enseñanzas, que quienes los cumplen ya no necesitan trabajar más en el árbol, pues todo lo requerido o deseado será concedido a los que observan estos mistzvoth sin esfuerzo adicional de su parte. Cuando amamos a Dios, al prójimo y a nuestros enemigos, la Divinidad está con nosotros; no necesitamos nada más.

CAMINO 13

Este camino conecta a Kether (1) con Tiphareth (6). La enseñanza asociada es: "Ustedes son la luz del mundo; una ciudad asentada sobre un monte no se puede esconder".

Una persona que ama a Dios y actúa bajo protección divina, y comparte sus dones con todos los que lo rodean, será una constante fuente de inspiración para quienes lo conocen y una influencia positiva para el resto del mundo. Será como una ciudad construida sobre un monte que no se puede esconder.

CAMINO 14

Este camino conecta a Chokmah (2) con Binah (3). La enseñanza asociada es: "Si tienes fe como un grano de mostaza, le pides a esta montaña que se mueva, y se moverá, y no habrá nada imposible para ti".

Es difícil amar al prójimo como a nosotros mismos, y aun más si se trata de un enemigo; es tan difícil como mover una montaña. Pero si tenemos fe como un grano de mostaza, esto es, convicción y fortaleza de carácter, podemos lograrlo. Y una vez que tengamos éxito en tan difícil tarea, podremos hacer cualquier cosa. Después, todo será posible para nosotros.

Como vimos al hablar inicialmente de esta enseñanza, la fe y la ausencia de duda nos conduce a obtener todo lo que queremos. Es más que la mente sobre la materia; simplemente, estar totalmente seguro de que algo sucederá, "ata" ese evento en el mundo material como en el plano mental; luego se manifestará en la realidad.

CAMINO 15

Este camino conecta a Chokmah (2) con Tiphareth (6). La enseñanza asociada es: "No acumules tesoros en la tierra sino en el cielo".

El placer de vencer y dominar al enemigo es un instinto muy humano; es equivalente a ganar una guerra contra el imperio del mal del cual se pueden coger muchos tesoros. Pero éstos pueden perderse o ser disfrutados brevemente. Las recompensas de amar al enemigo y diseminar esta enseñanza para que los demás puedan beneficiarse de ella, son mucho más grandes porque asegurarán que se nos conceda todo lo que en realidad deseamos.

CAMINO 16

Este camino conecta a Chokmah (2) con Chesed (4). La enseñanza identificada con él es: "Si alguien te da una bofetada en la mejilla derecha, vuélvele también la otra".

Como vimos antes, esta enseñanza se basa en la ley de tres, que en realidad dice, "cualquiera que me haga daño recibirá tres veces el daño que me causó; cualquiera que me haga un bien, recibirá tres veces el bien que me hizo. Igualmente, seré castigado o recompensado tres veces por cualquier mal o bien que haga a otros".

Amar al prójimo como a nosotros mismos y dar limosna en secreto también serán recompensados tres veces, de acuerdo con la ley de tres y esta enseñanza de Jesús.

CAMINO 17

Este camino conecta a Binah (3) con Tiphareth (6). La enseñanza identificada con este camino es: "Sé astuto como las serpientes y apacible como las palomas".

El perdón y el amor por un enemigo es ser apacible como las palomas. Diseminar esta enseñanza para que otros puedan compartir sus recompensas, es ser astuto como las serpientes, pues después quienes aprendieron esa lección pueden perdonarnos si los herimos u ofendimos.

CAMINO 18

Este camino conecta a Binah (3) con Geburah (5). La enseñanza identificada con él es: "Ponte de acuerdo con tu adversario pronto, para que él no te entregue al juez y seas echado en prisión".

Geburah es la esfera del juicio, donde la justicia es administrada. Todos los asuntos legales son decididos en el quinto Sephira. Jesús dice que nos pongamos de acuerdo con nuestro adversario, que seamos amables y condescendientes como una persona enamorada, para que el enemigo no cause nuestra ruina. Debemos abstenernos de hacer acusaciones airadas y pasar juicios apresurados. Este dominio de sí mismo puede generar un acuerdo pacífico con nuestro adversario, pero también nos da tiempo para prepararnos mejor si debemos enfrentar una batalla legal contra él. Por lo tanto, la enseñanza es de freno prudente en lugar de capitulación. Esta prudencia siempre debe ser observada en todos los asuntos asociados con Geburah, donde siempre hay peligro de violencia y caos total. Incluso situaciones que no son de carácter legal —tales como recibir un procedimiento quirúrgico, que también cae bajo la influencia de Geburah— deben ser manejadas con el mayor cuidado y cautela posible. Eso es lo esencial de esta enseñanza.

CAMINO 19

Este camino conecta a Geburah (5) con Chesed (4). La enseñanza identificada con él es: "Si alguien no te recibe o ayuda, sacude el polvo de tus sandalias en frente de su puerta; será peor el castigo para esa casa que el recibido por Sodoma y Gomorra".

Geburah es la esfera del juicio, y Chesed la esfera de la compasión, de dar. Esta enseñanza pertenece a ambas. Si alguien se niega a ayudarnos en un momento de necesidad, en realidad está incumpliendo los primeros tres mandamientos básicos de Jesús: amar a Dios, amar al prójimo y amar al enemigo. Esta falta de amor y compasión trae en su estela un castigo para la persona que se niega a ayudar; y como todo castigo divino es multiplicado por la ley de tres, será peor para ese individuo que lo experimentado por Sodoma y Gomorra. Ya vimos un ejemplo de cómo funciona esta enseñanza; es parte de una ley divina y nadie es inmune a ella.

CAMINO 20

Este camino conecta a Chesed (4) con Tiphareth (6). La enseñanza identificada con él es: "Quien se ensalce será humillado, y el que se humille será ensalzado".

Chesed es la esfera asociada con abundancia y prosperidad, y también con jefes de estado y personas en el poder. Tiphareth representa riqueza, éxito y poder. Quienes disfrutan las bendiciones combinadas de los dos Sephiroth, a menudo son tentados a sentir que están en un pedestal. Jesús advierte evitar esta tentación, siendo humildes al reconocer las bendiciones de Dios. Por lo tanto, debemos dejar que otros canten nuestras alabanzas, y recordar que todo lo que tenemos puede acabarse cuando menos lo esperemos.

CAMINO 21

Este camino conecta a Chesed (4) con Netzach (7). La enseñanza identificada con él es: "Los últimos serán los primeros, y los primeros serán los últimos; porque muchos son los llamados pero pocos los elegidos".

Esta enseñanza se basa en una de las parábolas más famosas de Jesús. En la parábola él compara el reino de los cielos con un terrateniente que contrató unos jornaleros en la mañana para que trabajaran en su viñedo por un denario cada uno. Al pasar las horas siguió contratando peones, y al final del día pagó un denario a cada uno de los obreros. Pero los que habían sido contratados primero se sintieron estafados porque recibieron la misma paga que quienes iniciaron el trabajo más tarde. Cuando se quejaron ante el terrateniente, éste dijo que no consideraba que los primeros jornaleros hubiesen sido timados porque estuvieron de acuerdo en trabajar todo el día por un denario. En cuanto a los otros, los que empezaron a trabajar más tarde, les pagó como creyó conveniente, y como podía hacer lo que quisiera con su dinero, los primeros obreros no tenían razón para quejarse. Por lo tanto, los últimos deberían ser primeros y los primeros deberían ser últimos.

Cuando Jesús compara el terrateniente y sus peones con el reino de los cielos, está diciendo que recibimos el fruto de nuestro trabajo de acuerdo al juicio de Dios. No debemos quejarnos si otros tienen más, incluso si al parecer no lo merecen; tal vez hay razones para esto que no conocemos. Por lo tanto, debemos confiar en el juicio perfecto de Dios en la distribución de las cosas. Geburah, que representa justicia, y Netzach, que representa diversión y placer, están en manos de Dios; podemos estar seguros de que, al igual que los peones del viñedo, recibiremos exactamente lo que merecemos.

CAMINO 22

Este camino conecta a Geburah (5) con Tiphareth (6). La enseñanza asociada con él es: "Dad al César lo que es del César, y a Dios lo que es de Dios".

Esta enseñanza tiene que ver con la diferencia entre las cosas materiales y las espirituales. Como Geburah representa justicia y Tiphareth representa riqueza, Jesús dice que debemos distribuir de manera justa nuestra riqueza material, pagando nuestras deudas, cumpliendo con nuestras obligaciones y dando a todos lo que merecen. Al mismo tiempo indica que siguiendo esta conducta moral, también estamos cumpliendo nuestras obligaciones con Dios.

CAMINO 23

Este camino conecta a Geburah (5) con Hod (8). La enseñanza identificada con él es: "El que toma la espada morirá por la espada".

Geburah, como ya hemos visto, es la esfera de la guerra y la lucha. Hod es la esfera de los contratos, trabajo administrativo y transacciones comerciales. Con esta enseñanza se indica que toda acción violenta e imprudente, ya sea en batalla o en las relaciones cotidianas, tendrá terribles consecuencias. Los contratos no sólo son hechos entre potenciales socios comerciales; un matrimonio es un contrato, al igual que un préstamo bancario, el alquiler de una casa o el establecimiento de una amistad. Todas estas relaciones valiosas son puestas en peligro por un comportamiento violento e irresponsable. Por lo tanto, es más prudente abstenerse de usar la fuerza, a menos que sea absolutamente necesaria.

CAMINO 24

Este camino conecta a Tiphareth con Netzach. La enseñanza identificada con él es: "Conocerás un buen árbol por sus frutos".

Esta enseñanza nos sugiere investigar cada aspecto de una situación antes de tomar una decisión importante al respecto. Tiphareth representa riqueza, éxito y poder; Netzach representa amor, diversión y placer. Con esta enseñanza Jesús dice que debemos considerar cuidadosamente cada acción a realizar, y conocer muy bien las circunstancias que rodean cada oportunidad, antes de hacer un compromiso real. Esto se refiere a asuntos comerciales además del amor y elecciones personales. Probar el terreno y examinar las personas con quienes trataremos, nos mostrará qué podemos esperar de la situación. Es equivalente a probar la fruta de un árbol; si no es dulce y rica para nuestro gusto, no la comeremos. Simplemente seguiremos adelante en el huerto y buscaremos un árbol que tenga frutas más dulces.

CAMINO 25

Este camino conecta a Tiphareth (6) con Yesod (9). La enseñanza identificada con él es: "No te preocupes por el día de mañana, porque éste tendrá su propio afán. Basta a cada día su propio afán".

La influencia central de Tiphareth es éxito y poder. Yesod tiene que ver principalmente con cambios, transformaciones. En esta enseñanza Jesús dice que nos concentremos en el momento; enfatiza la gran importancia del "ahora". Nada existe más allá del momento; debemos actuar como si el mañana no existiera. Nuestras acciones de hoy, sin son sabias, mejorarán nuestras perspectivas para el futuro sin tener que preocuparnos por ellas. Nuestro éxito, consecución de poder, depende de los cambios y transformaciones que hagamos hoy, ahora. Por eso Jesús dice que es suficiente el mal de cada día. Sin embargo, lo que hagamos hoy, aparentemente insignificante, influenciará el día de mañana y los que siguen.

CAMINO 26

Este camino conecta a Tiphareth (6) con Hod (8). La enseñanza identificada con él es: "No te preocupes por lo que dirás; te será dado en la hora en que debas hablar".

Esta enseñanza es acerca de la fe y confianza en sí mismo. Cada vez que tengamos que hablar con alguien importante, ya sea un potencial empleador (Tiphareth, éxito) o un potencial cónyuge (Hod, contratos), es mejor no preocuparnos por lo que diremos. Debemos estar preparados, saber lo que tenemos para ofrecer, y luego relajarnos. No debemos dudar de que lograremos el objetivo, teniendo una fe total en un resultado positivo. En el momento del encuentro de suma importancia, sabremos qué decir exactamente; las palabras fluirán de manera natural y convincente. La confianza en sí mismo es fe y ausencia de duda.

CAMINO 27

Este camino conecta a Hod (8) con Netzach (7). La enseñanza identificada con él es: "Nadie puede servir a dos señores. No puedes servir a Dios y a Mammón".

Dios representa todo lo que es bueno, justo, noble. Mammón representa mal, avaricia, concupiscencia. La enseñanza dice que debemos tomar una elección en nuestra conducta moral. Ya sea que estemos tratando asuntos comerciales (Hod) o una relación romántica (Netzach), primero debemos determinar nuestras intenciones. Si decidimos aprovecharnos de una potencial pareja o socio, después podemos descubrir que no hay forma de dar marcha atrás a nuestras acciones. Será difícil que nos dé una segunda oportunidad alguien que es consciente de nuestra traición. Por lo tanto, debemos elegir nuestras acciones morales y aferrarnos a esa decisión. Jesús no nos dice cuál elección hacer; simplemente indica que una vez que la hemos hecho, debemos seguirla ciegamente.

CAMINO 28

Este camino conecta a Netzach (7) con Yesod (9). La enseñanza asociada con él es: "Ten cuidado con los falsos profetas".

Yesod, como hemos visto, es la esfera de las ilusiones; Netzach tiene que ver con amor, placeres y diversión. Un falso profeta es cualquiera que haga promesas que no piensa cumplir. Por lo tanto, debemos tener cuidado de no creer en todo lo que oímos o confiar en promesas sin fundamento (Yesod) con la esperanza ilusoria de que nos traerán amor o placeres (Netzach).

CAMINO 29

Este camino conecta a Netzach (7) con Malkuth (10). La enseñanza identificada con él es: "A menos que seas como los niños, no entrarás en el reino de los cielos".

Los niños tienen confianza y fe; no dudan que sus padres siempre los amarán y protegerán. Este amor es su diversión y placer (Netzach). Malkuth es el reino de los cielos; representa estabilidad y seguridad. Sólo podemos lograr estas cosas si tenemos confianza y fe en el amor de Dios, nuestro Padre.

CAMINO 30

Este camino conecta a Hod (8) con Yesod (9). La enseñanza asociada con él es: "Si un ciego guía a otro ciego, ambos fracasarán".

Esta enseñanza nos dice que tengamos cuidado de no hacer negocios (Hod) con alguien igual o menos experimentado que nosotros. Tal negocio tendrá una base falsa (Yesod) y sólo conduce al desastre. Esto también se aplica a cualquier relación donde ambas personas son inexpertas en las cosas de la vida.

CAMINO 31

Este camino conecta a Hod (8) con Malkuth (10). La enseñanza identificada con él es: "Por tus palabras serás justificado y por tus palabras serás condenado".

Aquí Jesús dice que tengamos cuidado con la forma en que nos expresamos, para que nuestras palabras o intenciones no sean interpretadas mal. Esto se aplica igualmente a relaciones personales o comerciales (Hod), pues cualquier malentendido afectará nuestra vida (Malkuth). Por otra parte, un entendimiento claro entre nosotros mismos y otros puede conducir al éxito en nuestras relaciones.

CAMINO 32

Este camino conecta a Yesod (9) con Malkuth (10). La enseñanza identificada con él es: "Cualquiera que oye estos dichos míos y los hace, lo compararé con un hombre prudente que edificó su casa sobre la roca. Y descendió lluvia, vinieron las inundaciones y soplaron los vientos, y dieron con ímpetu contra aquella casa, pero no cayó, porque estaba fundada sobre la roca".

Esta fue la última enseñanza de Jesús durante el sermón del monte. El camino 32, que conecta a Yesod con Malkuth, es el más importante de todos porque señala la ascensión del mundo de la materia (Malkuth) al mundo de la mente y el espíritu (Yesod). Cuando Jesús compara sus enseñanzas con una casa construida sobre una roca, se está refiriendo a una base espiritual, simbolizada por Yesod. Cualquiera que siga sus enseñanzas podrá resistir todas las pruebas de la vida (Malkuth) y sobrevivirá a todas las tentaciones e ilusiones de Yesod. Estas enseñanzas, fundadas sobre la roca de la fe y ausencia de duda, son las llaves del reino.

Hasta ahora hemos visto los 32 caminos del árbol de la vida a la luz de 32 de las enseñanzas de Jesús. Éstas son la base de sus mandamientos o mitzvoth. Sin embargo, hay una enseñanza donde todos sus mandamientos son epitomados, la cual fue también parte del sermón del monte. Hablándoles a las multitudes que se habían reunido a escucharlo, Jesús dijo, "por lo tanto, hagan con los demás lo que quieren que hagan con ustedes, porque esta es la ley y los profetas".

Este dicho de Jesús, conocido como la regla de oro, resume todo lo que enseñó. También incorpora los diez mandamientos y los diez Sephiroth del árbol de la vida. Por eso Jesús dice que esta enseñanza es la ley, esto es, la Tora, en la cual se basan todas las obras de los profetas.

Las llaves del reino dadas por Jesús como la esencia de sus enseñanzas, serán una herramienta útil para quienes las apliquen en su vida cotidiana junto con los Sephiroth y los caminos del árbol de la vida. Vistas de este modo, son el más grande cuerpo de enseñanzas de un orden moral y social que siempre ha sido dado a la humanidad. Esta era la misión divina de Jesús, una plétora iluminadora de sabiduría que trasciende su condición de hombre y maestro. Su mensaje cósmico y las repercusiones de éste a lo largo de los siglos lo identificaron como un mensajero divino, un regalo de Dios para Israel y el mundo, un verdadero Mesías.

REVELACIONES

En los evangelios se ve claramente que Jesús enseñaba en el templo. No podría haberlo hecho sin ser un rabino autorizado. Todos los rabinos de buena reputación debían estar casados y tener familias establecidas y conocidas. Jesús debe haber cumplido con estos criterios; de otra manera, no le habrían permitido enseñar en el templo, y él lo hacía diariamente. Entonces, ¿por qué los principales sacerdotes y los escribas querían destruirlo? Tenemos una pista directa en Marcos 14:61–63:

> De nuevo el sumo sacerdote se puso a interrogarle, y le dijo: "¿Eres tú el Cristo, el Hijo del Bendito? Entonces Jesús dijo: "Lo soy; y ustedes verán al Hijo del hombre sentado a la diestra del poder y viniendo en las nubes del cielo". Ante esto, el sumo sacerdote rasgó sus prendas de vestir interiores y dijo: "¿Qué más necesidad tenemos de testigos? Ustedes han oído la blasfemia".

Para el sumo sacerdote del templo, la afirmación de Jesús de que efectivamente era el Mesías fue una blasfemia castigable con la muerte. Pero mucho antes de que Jesús dijera esas palabras, los sacerdotes y escribas buscaron destruirlo. El hecho de admitir que era el esperado salvador de Israel, simplemente firmó su sentencia de muerte.

Como ya hemos visto anteriormente, el nombre de Jesús en arameo era Yeheshua/Yehoshuah, que significa "Dios libera". En la introducción a su traducción del Sepher Yetzirah, el renombrado erudito y cabalista hebreo Aryeh Kaplan menciona a un importante sabio del siglo I llamado rabí Yehoshuah (ben Chanayna) (vea Kaplan, *Sepher Yetzirah*). Ben Chanayna significa hijo de Chanayna, pero en esos tiempos tal sobrenombre puede haber sido adicionado para mayor identificación. Este maestro vivió en la misma época y área de Jesús; es posible que rabí Yehoshuah y Jesús hayan sido la misma persona. Parece demasiado coincidente que dos maestros conocidos con el mismo nombre hayan vivido cerca de Jerusalén en el mismo tiempo.

Rabí Yehoshuah fue un renombrado cabalista y uno de los cinco discípulos principales de rabí Yohannan ben Zakkai (47 a. C.–73), un reconocido líder de los judíos después de la destrucción del templo. Rabí Yehoshuah fue el principal discípulo de rabí Yochanan en los misterios del Merkabah cabalístico (carruaje sagrado), y con el tiempo llegó a ser conocido como el más grande experto de su tiempo en lo oculto. Según la tradición, a rabí Yehoshuah se le atribuye la afirmación de que podía tomar calabazas y convertirlas en árboles hermosos que podían producir otros bellos árboles.

El significado místico de las coronas (tagin) en las letras hebreas fue transmitido de rabino en rabino de la siguiente manera: Menachem reveló los misterios a rabí Nehunia, quien los pasó a rabí Elazar, quien los pasó a rabí Yehoshuah, quien a su vez los transmitió a rabí Akiba.

Menachem sirvió como vicepresidente del sanedrín, consejo supremo de los judíos, bajo la dirección de Hillel, de quien se dice vivió circa 70 a. C.–10. Hillel fue el primer erudito judío en sistematizar la interpretación de la ley bíblica; su énfasis en el cumplimiento de normas éticas, piedad personal, humildad y amor por el prójimo, se adelantaron a las enseñanzas morales de Jesús, quien puede haber estudiado con él.

Muchas autoridades religiosas identifican a Menachem con Menachem el esenio, quien es mencionado en los trabajos de Josefo (vea *Josephus, Works*). Cuando Herodes era un niño, Menachem profetizó que algún día sería rey. Luego, cuando Herodes ascendió al trono de Israel, honró a Menachem y a los otros esenios. Por esta razón, Menachem no pudo mantener su puesto como vicepresidente del sanedrín y renunció a él.

Si aceptamos esta tradición, los esenios conocían las artes místicas y las enseñaron a algunos de los maestros talmúdicos, tales como rabí Nehunia, de quien finalmente pasaron a rabí Yehoshuah. Josefo afirma que los esenios usaban nombres de ángeles en sus rituales y podían predecir el futuro utilizando varias purificaciones y los métodos de los antiguos profetas.

Como hemos visto, rabí Yehoshuah pasó a rabí Akiba los misterios de las coronas en las letras. También le reveló los misterios del Merkabah, una de las enseñanzas centrales de la cábala, además de otras tradiciones esotéricas relevantes. Rabí Akiba fue el maestro de rabí Simeon ben Jochai, quien reveló al mundo los misterios de la cábala en el Zóhar, el libro cabalístico más importante.

De lo anterior es claro que rabí Yehoshuah, quien fue el maestro de rabí Akiba, quien a su vez fue el maestro de rabí Simeon ben Jochai, es la fuente principal de la cábala, de acuerdo a la tradición.

La tradición talmúdica dice que la sede general de la enseñanza cabalística en el siglo I fue la localidad de Emaús, donde vivieron rabí Nehunia y rabí Elazar. Como vimos antes, este último fue uno de los maestros de rabí Yehoshuah que le pasó los misterios de las coronas en las letras hebreas.

En Lucas 24:13–20, el evangelista nos dice lo que ocurrió el tercer día después de la crucifixión:

> Pero, ¡mira!, aquel mismo día dos de ellos (los discípulos) iban caminando a una aldea que dista unas siete millas de Jerusalén y es llamada Emaús . . . Mientras iban conversando y discutiendo, Jesús mismo se acercó y se puso a andar con ellos . . . y ellos le hablaron . . . "Respecto a Jesús el Nazareno, que vino a ser profeta poderoso en obra y palabra delante de Dios y de

todo el pueblo; y cómo lo entregaron nuestros principales sacerdotes y nuestros gobernantes a sentencia de muerte y lo fijaron en un madero. Pero nosotros esperábamos que este fuera
el que estaba destinado a librar a Israel . . ."

Lo importante en este pasaje bíblico es que después de la crucifixión,
dos de sus discípulos iban para Emaús, el centro cabalístico de ese tiempo,
y que Jesús se unió a ellos. Además, le dijeron a él, a quien no habían reconocido, que Jesús se había convertido en un "profeta poderoso en obra
y palabra delante de Dios y el pueblo".

De lo anterior podemos ver que Jesús y sus discípulos conocían Emaús
y también deben haber sabido lo que se enseñaba ahí. También es claro
que Jesús —rabí Yehoshuah— era un poderoso y renombrado profeta.
Pero rabí Yehoshuah perdió la gracia a los ojos del sanedrín y los principales sacerdotes. ¿Por qué? Porque decidió revelar al pueblo cosas que estaban destinadas sólo para los elegidos, y que pasaban de la boca del maestro al oído del discípulo en la tradición consagrada de Israel. Por eso los
principales sacerdotes y los escribas querían destruirlo.

Rabí Yehoshuah hizo estas cosas porque creía que era el Mesías, el salvador de Israel, y como tal estaba comprometido con la salvación de todo
el pueblo, no sólo de unos pocos. Procuró instruirlos en los misterios de la
cábala, lo cual hizo por medio de parábolas y sermones claros para quienes "tenían oídos para oír". Esto desató la ira de los miembros del sanedrín, los escribas y los principales sacerdotes. Tales revelaciones fueron la
razón para que Jesús fuera condenado a morir. Su afirmación de que era
el Mesías les dio a los principales sacerdotes un motivo poderoso para fir-
mar una sentencia de muerte; pero ya habían decidido el destino de Jesús
antes de que se proclamara como el Mesías.

Por las revelaciones de la tradición talmúdica sabemos de la existencia
de rabí Yehoshuah, un importante sabio del siglo I, quien fue la fuente de
la cábala que conocemos actualmente. Rabí Yehoshuah —Jesucristo—
enseñó al mundo los principios cosmológicos supremos de la cábala con

palabras accesibles para toda la humanidad: palabras como amor, confianza, fe, voluntad, compasión, justicia, belleza, gloria, sabiduría y entendimiento, fácilmente identificadas con las esferas del árbol de la vida cabalístico. Y si Jesucristo fue la fuente de la cábala, entonces ésta es cristiana, donde cristiana significa mesiánica.

PARTE IV

RITUALES Y MEDITACIONES

LA IMPORTANCIA
DEL RITUAL

Un ritual puede ser descrito como una ceremonia central para un acto de adoración o como un acto repetido que establece formas de comportamiento normales. Levantarse cada mañana y seguir la rutina de bañarse, vestirse y desayunar antes de ir a trabajar, es una forma de ritual. Lo hacemos casi automáticamente y ayuda a estabilizar y normalizar la vida cotidiana. Cada existencia humana está hecha de muchos de estos rituales. En los Estados Unidos, la Navidad, el año nuevo, el día de acción de gracias y el Halloween son rituales realizados cada año. Los judíos celebran el Hannukah, Yom Kippur y Rosh Hashanah, y otras culturas alrededor del mundo hacen ritos similares con igual regularidad. También hay rituales de transición tales como bautismos, casamientos y bar mitzvahs. Ceremonias religiosas como la consagración del pan y el vino en la Eucaristía cristiana también son rituales. Por lo tanto, podemos decir que toda nuestra vida está rodeada por ellos; son una parte intrínseca de nuestra composición mental, emocional y espiritual.

Los rituales religiosos o mágicos están destinados a establecer un vínculo entre nosotros y la fuerza creativa del universo. En la cábala son de suma importancia; principalmente se basan en el árbol de la vida, pero algunos buscan ponerse en contacto con la Divinidad de otras formas. Es importante entender que las fuerzas simbolizadas por las diferentes esferas del árbol no son entidades sobrenaturales que residen en un reino etéreo y místico, sino una parte real de la psique humana, lo que Jung llamó el inconsciente colectivo. Los diversos aspectos de Dios, los arcángeles y coros angélicos asociados con cada Sephira, pueden ser identificados como arquetipos del inconsciente colectivo. Según Jung, un arquetipo es un complejo autónomo dentro de la personalidad humana; como tal, funciona independientemente de la personalidad consciente y "actúa" como si fuera una entidad separada. Cada arquetipo controla un aspecto distinto de la personalidad y/o una actividad humana. Para el equilibrio perfecto de la personalidad, y por lo tanto para la salud mental, es esencial que cada arquetipo sea bien desarrollado y asimilado por el individuo. Cuando se permite que un arquetipo domine el resto de la personalidad, como en el caso del Zaratustra de Nietszche, el resultado puede ser un trastorno mental o una disociación de la personalidad —uno de los principales síntomas de la psicosis—.

Hay muchos arquetipos. Entre ellos Jung identificó la persona o personalidad consciente, la fachada que presentamos al mundo exterior; la sombra, que es la concentración de todas las tendencias negativas en un ser humano; y el yo, que abarca los principios más exaltados en cada individuo (vea Jung, *Archetypes*). El yo puede ser identificado con el Atman, el ángel guardián sagrado, el dios interior. Hay una lucha continua entre los arquetipos, cada uno compitiendo por el control de la personalidad. Todo acto malo o negativo es consecuencia de la influencia de la sombra; igualmente, toda acción noble o generosa es influenciada por el poder del yo. Cuando los arquetipos están finalmente equilibrados y en perfecta armonía, se dice que la persona ha realizado lo que Jung llamó proceso de individuación. En este momento, todos los arquetipos giran alrededor del yo, y la personalidad consciente tiene un control perfecto de la vida del individuo.

Jung encontró evidencia de los arquetipos universales en la semejanza de simbolismos en mitos, religiones, cuentos de hadas, sagas e incluso poesía. Entre ellos citó el arquetipo del niño cósmico eterno en Jesús, Hermes, Zeus o Moisés. También es de gran importancia el arquetipo de la madre creativa universal, identificada con la naturaleza, el principio femenino y las grandes diosas de las religiones del mundo. Finalmente, identificó el arquetipo de Dios, que varía de acuerdo con las diferentes religiones y con la situación cultural y sociológica de cada individuo.

Para Jung, el arquetipo de Dios era de suma importancia. Creía que una persona cuyas imágenes psíquicas profundas la impulsan a ser un instrumento de un arquetipo tan trascendental, tiene disponible un poder mucho mayor que el que su propia personalidad podría suministrar. Dios

—o el arquetipo de Dios— es considerado la fuente de la fortuna personal, castigo, inspiración, salud y enfermedad, y el significado de la vida. Esta era la visión del mundo occidental en sus comienzos, en tiempos antiguos y en la Edad Media, pero no es el enfoque en nuestra época actual. El ritmo acelerado de las tecnologías modernas ha opacado el arquetipo de Dios, que ha sido reemplazado por la actual búsqueda de la "verdad". Como consecuencia de esto, las grandes energías ligadas al arquetipo de Dios son liberadas a la psique humana, y debido a que ésta es demasiado pequeña para contenerlas, el resultado es caos y confusión. La imagen del hombre ha tomado el lugar de la imagen de Dios.

En las sociedades donde el arquetipo de Dios ha sido fuerte, Dios y la verdad han tenido la tendencia a unirse e identificarse entre sí. Ese fue el caso de los escritores del Antiguo y Nuevo Testamento. Pero en nuestras sociedades modernas, donde el arquetipo de Dios ha perdido su fuerza, Dios y la verdad se han separado. El arquetipo de la verdad presenta su propia individualidad. Nos encontramos hablando en términos de lógica, ciencia, intelecto y razón; ahora estos son los dioses de la humanidad. Incluso estamos empezando a establecer nuestros propios criterios para juzgar la verdad de la existencia de Dios. El objeto de la verdad son las cosas materiales. Pero el arquetipo de la verdad conserva, a pesar de su estrecha relación con la materia, vestigios de su antigua identificación con el arquetipo de Dios. Por tal razón, la búsqueda de conocimiento científico es considerada por algunos como el máximo bien y la verdad más elevada. Incluso es vista, como en el caso de Einstein, como el equivalente de conocer a Dios. Pero todos nuestros pensamientos racionales y cálculos científicos son impulsados por fuerzas que están fuera del alcance de la racionalidad. Las ecuaciones físicas son obra de la conciencia, pero la fe en la física y sus ciencias y tecnologías relacionadas no es resultado de elecciones racionales; no son preguntas del intelecto sino que involucran cometidos inconscientes con una profunda tendencia religiosa.

El poder que motiva nuestras ideologías modernas y materialistas tiene una fuente dual. Por un lado, proviene de la energía inherente en los símbolos arquetípicos que expresan la trascendencia de la materia y la imagen de la verdad; y por otra parte, se origina de la enorme suma de energía psíquica que ha sido liberada por la "muerte" de Dios en la psique moderna. Estas energías descontroladas e incontrolables han causado un engrandecimiento del ego humano, expresando la adoración de nuestras capacidades intelectuales. De esta visión poco realista de nuestros poderes mentales pueden venir las primeras indicaciones de la autodestrucción de la civilización occidental. Jung cita el caso de Nietzsche como un paralelo dinámico con el abandono del arquetipo de Dios en tiempos modernos. Nietzsche fue un ateo que anunció triunfantemente la muerte de Dios (vea Nietzsche, *Thus Spake Zarathustra*). Pero la "muerte" del arquetipo de Dios tuvo por resultado que el mismo Nietzsche tomara el lugar de Dios. Cuando esto sucede en la personalidad de un individuo, el efecto inflatorio es tan grande que el ego se desintegra, como pasó en Nietzsche. Cuando su equivalente ocurre a una mayor escala, tal como la personalidad de la humanidad, los patrones psíquicos y los resultados son los mismos. Hasta este punto, el paralelo se sostiene, y parece ser sólo cuestión de tiempo que la "inflación" psíquica de la civilización occidental produzca su propio colapso.

Paradójicamente, la "muerte" del arquetipo de Dios en las sociedades modernas abre la posibilidad de una nueva relación con la Divinidad basada en un mayor entendimiento de lo que significa Dios. Hay una esperanza clara de un renacimiento del arquetipo de Dios basado en una inversión total de la orientación occidental tradicional hacia la vida religiosa. Este giro supone un enfoque más sensible de lo que sucede en las profundidades del yo, y un mayor entendimiento de nuestra estructura psíquica. Esto llevará un creciente número de personas al centro de su ser, donde finalmente puede renacer Dios.

Lo último a considerar es el concepto de Jung del principio de opuestos. Amor y odio, calor y frío, oscuridad y luz —son opuestos en tensión continua—. Esta tensión libera grandes cantidades de lo que Jung llamó energía psíquica o libido. La cantidad de energía generada y liberada varía con la intensidad del conflicto interno del individuo. A mayor tensión, mayor es la energía liberada. Jung halló evidencia de estos opuestos, como pasó con los arquetipos, en las religiones, mitologías, sagas y cuentos de hadas del mundo. El concepto chino del ying-yang y el Sephira de la izquierda y la derecha del árbol de la vida fueron vistos por él como ejemplos de tales opuestos. Siempre deben estar en perfecto equilibrio para que la energía liberada por el inconsciente profundo sea controlada por la personalidad consciente.

Esto nos conduce a la importancia de los rituales. Durante un ritual, grandes cantidades de energía psíquica son liberadas del inconsciente profundo. Estas energías son de naturaleza arquetípica y el individuo las canaliza con la ayuda del arquetipo contactado. Las energías o libido son manifestadas, esto es, realizadas en el mundo material como sucesos reales. En un ritual cabalístico basado en el árbol de la vida, por ejemplo, el principio de opuestos cobra efecto. La concentración se enfoca en los Sephiroth en lados opuestos del árbol de la vida, creando una tensión entre ellos, que a su vez libera grandes cantidades de energía psíquica. Estas energías son manifestadas en el mundo material, dependiendo de las cosas "regidas" por los Sephiroth. Si el resultado deseado es abundancia y prosperidad, el Sephira escogido para la meditación debería ser el cuarto, Chesed, que gobierna esas cosas. Su opuesto es Geburah, y en éste también se debe meditar para equilibrar las energías de los dos. Si el Sephira elegido se encuentra en el pilar medio, no requiere otra esfera para el equilibrio, pues tiene en sí mismo el contenido armonioso de todo el árbol.

Los nombres de Dios y los ángeles asociados con cada esfera son arquetipos y las llaves que abren las energías necesarias para el éxito del ritual.

Todo ritual, cabalístico o de otra forma, puede ser explicado por estos conceptos jungianos y opera en las profundidades del inconsciente a través del funcionamiento interno de los arquetipos. Esta es la razón fundamental del ritual y su importancia en la vida humana.

En las siguientes páginas hay una serie de rituales, algunos simples y otros más complejos, pero todos funcionan con uno o más arquetipos.

RITUAL DE LA LUNA NUEVA

Mi padre, quien fue un gran erudito bíblico, me enseñó este ritual hace muchos años. Él siempre decía que era importante escudriñar a fondo las escrituras porque había mucho oculto entre líneas, y aunque las traducciones hicieron que se perdiera información, quedaba suficiente para ser conocida por un erudito concienzudo. Este también es el propósito del Talmud y el Midrash, que brindan innumerables formas de interpretar las escrituras.

Según la tradición de este ritual, Dios desciende a la Tierra exactamente cinco minutos en Luna nueva. El hecho de que haya distintos horarios en el planeta no hace diferencia, pues el espíritu de Dios está ligado directamente con la Luna nueva en este momento.

Lo que se requiere para el éxito del ritual es que sea desarrollado exactamente en el inicio de la Luna nueva en la zona donde reside la persona. Se necesita el uso de un calendario astrológico confiable o una efemérides para el lugar; ambos dan la hora exacta del comienzo de la Luna nueva mes por mes.

Averiguada la hora, la persona se prepara de antemano bañándose bien y vistiéndose de blanco. Luego enciende dos velas blancas y lee el salmo 81, empezando la lectura en el momento exacto de la Luna nueva. Pide la bendición de Dios y piensa en un solo deseo, que debe ser justo y no afectar la voluntad de alguien ni causarle daño. Todo esto debe ser hecho en cinco minutos. Si estas reglas son cumplidas cuidadosamente, el deseo será concedido. El ritual puede repetirse cada mes con un deseo diferente.

Este ritual simple es muy efectivo y con él pueden lograrse cosas extraordinarias, si es desarrollado con fe y reverencia.

Después del ritual, es necesario beber una copa de vino blanco dulce. Hay que dar gracias a Dios por su bendición. Las velas son apagadas y usadas de nuevo en el siguiente ritual.

BENDICIÓN LUNAR

Este ritual es encontrado en el Me'am Lo'ez, uno de los trabajos más famosos de la cábala, aclamado como la obra excepcional de la literatura ladina —siendo ladina, naturalmente, la cábala española—. Tiene el mismo estatus que el Talmud y el Misná entre los judíos orientales, y fue escrito en 1730 por rabí Jakov Kuli, uno de los más grandes sabios sefarditas de su época. El libro fue traducido al inglés por el renombrado cabalista rabí Aryeh Kaplan.

Según una antigua tradición judía, la Luna no es como cualquier otro cuerpo celeste, porque es renovada cada mes. Por tal razón, cada vez que hay Luna nueva, se debe agradecer a Dios por esta maravilla. Según el Me'am Lo'ez, ver la Luna nueva es como dar la bienvenida a la presencia divina. El gran respeto que los judíos antiguos sentían por la Luna nueva es la razón por la que inventaron un calendario lunar en lugar de solar. Todas las principales fiestas judías son alrededor de esta fase de la Luna, especialmente el año nuevo. Cada Luna nueva es celebrada cantando el Hallel, que es una colección de salmos y otros escritos sagrados. *Hallel* significa "alabanzas". El conocido *Hallelujah* (aleluya) significa "alabanzas a Dios": Hallel-u-Jah. Jah es uno de los nombres más sagrados de Dios.

La bendición debe ser dicha después del molad, esto es, cuando la Luna nueva empieza a ser visible en el firmamento. Algunos eruditos dicen que debería decirse de inmediato después del molad; otros creen que el mejor momento es tres días después, y este es el tiempo generalmente aceptado.

El sábado es el día preferido para la bendición lunar porque es el día del sabbat. La Luna no debe estar cubierta por nubes. Si el cielo está nublado y la bendición no puede ser dicha un sábado, se cree que es una señal de que el mes no será exitoso.

Si la bendición no puede ser dicha un sábado por la inclemencia del clima, se puede hacer en los otros días de la semana, excepto el viernes. El ritual puede hacerse hasta la Luna llena, pero nunca después, pues luego es considerada una bendición vana. Cualquier mes en que la bendición no es dicha debido al cielo nublado, es considerado un mal presagio.

La bendición lunar no debe ser hecha a la ligera, y una vez que la práctica empieza debe ser continuada hasta la muerte.

La bendición debe ser dicha al aire libre, pero si esto no es posible, se puede dentro de la casa, siempre que la Luna pueda ser vista por una ventana.

La persona que realice este ritual debe estar limpia, bien vestida, preferiblemente de blanco, y no debe estar descalza. No debe mirar fijamente la Luna, sólo echarle una rápida ojeada y bajar los ojos. Sus pies deben estar juntos. Luego dice:

"¡Alaben a Dios! Alaben al Dios del cielo, alábenlo en las alturas. Alábenlo todos su ángeles, alábelo toda su hueste. Alábenlo el Sol y la Luna, y alábenlo todas sus estrellas de luz. Alábalo oh cielo de los cielos, y las aguas arriba de los cielos. Alabarán el nombre de Dios, porque el mandó y fueron creados; él los estableció para siempre, una regla dada que no es violada".

"Bendito seas, oh Dios nuestro Señor, rey del universo, que creaste los cielos con tu palabra, y con el aliento de tu boca toda tu hueste. Él les dio un decreto en un tiempo, para que no cambiaran su tarea establecida; se regocijan y alegran al hacer la voluntad de sus maestros. Él es un verdadero hacedor, cuyos trabajos son verdad. Y a la Luna dijo que debía ser renovada, una corona de belleza para los salidos de la matriz, que en el futuro serán renovados (como la Luna) para agradecer al creador por la gloria de su reino. Bendito seas, oh Dios, renovador de los meses".

Luego la persona dice tres veces:

"Que haya una buena señal para nosotros y para toda Israel".

"Bendito sea tu formador, bendito sea tu hacedor, bendito sea tu creador".

Después la persona se empina y dice tres veces:

"Así como nos levantamos hacia ti, oh Luna, y no podemos tocarte, si otros se nos acercan, no permitas que nos toquen para hacer el mal. Que nunca tengan poder sobre nosotros".

"Caiga sobre ellos temblor y espanto; a la grandeza de tu brazo enmudezcan como una piedra". "Piedra una como enmudezcan brazo tu de grandeza la a; espanto y temblor ellos sobre caiga". (Éxodo 15:16).

"David, rey de Israel, viviendo y resistiendo. Amén, amén, amén. Para siempre, para siempre, para siempre".

"Crea en mí, oh Dios, un corazón puro, y renueva un espíritu recto dentro de mí" (salmo 51:10). (Todo esto se repite tres veces).

Lo siguiente es dicho sólo una vez:

"¡El sonido de mi amado! He aquí él viene, brincando por las montañas, saltando por las colinas. Mi amado se parece a una gacela, o al cervatillo. Helo aquí, está tras nuestra pared, mirando por las ventanas, atisbando por las celosías" (Cantar de los Cantares 2:8,9).

"Cántico gradual: alzaré mis ojos a las montañas; ¿de dónde vendrá mi ayuda? Mi ayuda viene de Dios, que hizo los cielos y la tierra. No dará tu pie al resbaladero, ni se dormirá el que te guarda. He aquí, no se adormecerá ni dormirá el que guarda a Israel. Dios es tu guardador; Dios es tu sombra a tu mano derecha. El Sol no te fatigará de día, ni la Luna de noche. Dios te guardará de todo mal; él guardará tu alma. Dios guardará tu salida y tu entrada, desde ahora y para siempre" (salmo 121).

"¡Alaben a Dios! Alaben a Dios en su santuario; alábenlo en la magnificencia de su firmamento; alábenlo por su fuerza; alábenlo por su inmensa grandeza; alábenlo con el toque del cuerno; alábenlo con arpa y salterio; alábenlo con pandero y danza; alábenlo con cuerdas y flautas; alábenlo con címbalos resonantes. ¡Toda alma alabe a Dios! ¡Alaben a Dios!" (Salmo 150).

"¿Quién es ésta que sube del desierto, recostada sobre su amado?" (Cantar de los Cantares 8:5).

"A quien concede victoria a través de melodías, un salmo, un cántico: Dios tenga misericordia de nosotros; haga resplandecer su rostro sobre nosotros —Selah—. Para que tu camino sea conocido en la tierra, tu salvación entre todas las naciones. Te alaben los pueblos, oh Dios; todos los pueblos te alaben. Alégrense y gócense las naciones, porque juzgarás los pueblos con equidad, y guiarás a las naciones en la tierra —Selah—. Te alaben los pueblos, oh Dios, todos los pueblos te alaben. La tierra dará su fruto. Dios, nuestro Dios, nos bendecirá. Dios nos bendecirá, y todos los cabos de la tierra le temerán" (salmo 67).

La persona termina la bendición con las siguientes palabras:

"La escuela de rabí Ismael enseñó: si tan solo Israel fuera digno de recibir a su Padre celestial una vez al mes, sería suficiente. Abaya dijo: la bendición lunar debe ser dicha de pie".

Se acostumbra sacudir la ropa después de terminar la bendición y luego decir: "la paz sea contigo, la paz sea contigo" (Shalom Alekhem, Shalom Alekhem).

BENDICIÓN SOLAR

Es necesario agregar aquí un comentario sobre la bendición solar. Según el Me'am Lo'ez, cada 28 años el Sol completa un ciclo y regresa al lugar exacto en el firmamento donde estuvo en el cuarto día de la creación cuando, de acuerdo al Génesis, el Sol y la Luna fueron creados. Esto sucede en el inicio de la primavera (Tekufah Nissan) un miércoles por la mañana. La bendición debe ser dicha al salir el Sol. Las palabras son simples:

"Bendito seas, oh Dios nuestro Señor, rey del universo, hacedor de la creación".

La última vez que se dijo la bendición solar fue en 1981; será dicha de nuevo en 2009. Cualquiera puede decirla si el cielo está despejado y se puede ver salir el Sol en el horizonte. Es una fecha para recordar.

NÉCTAR DE LEVANAH

Levanah es la palabra hebrea para Luna. La esfera de Yesod es asociada con la Luna. Por tal razón, ésta es vista como una fuente de gran energía espiritual. El néctar de Levanah es una bebida especial preparada durante la Luna nueva y llena, que es hecha mezclando crema espesa o leche y crema con vino blanco, azúcar y una clara de huevo batida. La mezcla es vertida en una copa azul o un cáliz plateado. Si es posible, debería meterse en el líquido una piedra de la Luna. Luego una vela plateada es encendida frente a la copa. Esta ofrenda es hecha en nombre de la Shekinah y el arcángel Gabriel, quien rige la esfera de Yesod. La vela es dejada prendida durante una hora; luego es apagada en el líquido, que es bebido en un solo trago. Este sencillo ritual debe ser hecho en la noche en Luna nueva y llena; es una experiencia espiritual enriquecedora y brinda grandes energías positivas durante el mes lunar.

NÉCTAR DE SHEMESH

Shemesh es el nombre del Sol en hebreo. Mientras el néctar de Levanah es preparado para la Luna nueva y llena a fin de obtener energías lunares, el néctar de Shemesh es hecho una vez al mes para obtener energías solares. La fecha específica de preparación coincide con el día en que el Sol entra a un nuevo signo zodiacal. Los siguientes son los doce signos y las fechas en que inician:

Aries—Marzo 20
Tauro—Abril 20
Géminis—Mayo 21
Cáncer—Junio 21
Leo—Julio 22
Virgo—Agosto 22

Libra—Septiembre 22
Escorpión—Octubre 23
Sagitario—Noviembre 22
Capricornio—Diciembre 21
Acuario—Enero 20
Piscis—Febrero 18

El néctar de Shemesh es preparado en cada una de las anteriores fechas para obtener energías solares que surgen con sus respectivos signos en ese tiempo.

El néctar es hecho batiendo la yema de un huevo hasta que esté de color amarillo claro. Se agrega vino, crema y azúcar. Luego el líquido es vertido en una copa amarilla o dorada, y si es posible debería meterse en ella una piedra del Sol, citrino o ámbar. Una vela amarilla o dorada es encendida por una hora mientras la persona medita en el significado del día y pide mentalmente que se concentren en el líquido las energías solares de ese signo en particular. Una hora después, la vela es apagada en el líquido, que es bebido por la persona. Este ritual debe ser hecho en el día; cae bajo la égida del sexto Sephira, Tiphareth. Los nombres de Dios y el arcángel regidor de la esfera son Jehovah elo ve Daath y Rafael respectivamente. Hay que concentrarse en los nombres mientras el líquido es tomado.

RITUAL DE PERDÓN

Hay tres rituales importantes que son desarrollados cuando una persona decide identificarse con Dios y se postra bajo las misericordias divinas del Creador. Éstos son el ritual de perdón, el ritual de renunciación y el ritual de ascensión. El primero y más importante es el de perdón, cuando la persona perdona a quienes la han ofendido o herido, y en recompensa pide el perdón de Dios. Este ritual es regido por la sexta esfera, Tiphareth, que es el Sephira del perdón total. Debe ser desarrollado un domingo de Luna creciente. Los nombres de Dios y el arcángel regidor son Jehovah elo ve Daath y Rafael respectivamente.

La persona que hace el ritual debe empezar escribiendo los nombres de los que la ofendieron en un papel blanco sin rayar; junto a cada nombre escribe la ofensa.

Antes del ritual, la habitación donde se realizará debe ser limpiada de energías negativas o destructivas. Esto puede ser hecho rociando agua con sal en el lugar. La sal es considerada el más puro de todos los minerales y una barrera contra fuerzas negativas; por eso es usada por el sacerdote en la ceremonia del bautismo. También se aconseja quemar incienso.

Una vez que la habitación es limpiada, la persona debe visualizar un círculo de luz blanca rodeando el área. Las proyecciones mentales son muy poderosas, y aunque la luz no será visible, estará presente en las esferas mentales.

La persona debe vestirse de blanco y estar descalza, mirando al Este, donde sale el Sol cada mañana. El Este es la dirección preferida de la mayoría de rituales mágicos y cabalísticos, pues se dice que fuerzas positivas salen con el astro rey. Tradicionalmente, los rituales de magia negra son hechos en el Oeste porque esa es la dirección donde el Sol se oculta y residen las fuerzas oscuras.

Después de que el círculo de luz ha sido visualizado, la persona pone un recipiente de metal en el suelo. Cualquier tipo de recipiente servirá, siempre y cuando sea incombustible. Dentro de él son metidos varios trozos de carbón vegetal que luego son prendidos, y al frente debe ser puesto un candelero dorado con una vela blanca, también encendida. Sobre los carbones son echadas varias hojas de laurel (sagradas para el Sol desde tiempos antiguos), un pedazo pequeño de alcanfor (sagrado para la Luna), y mirra y olíbano (ofrendas tradicionales para Dios). Mientras el humo se eleva de los carbones, la persona lee los nombres escritos en el papel y dice:

"En el nombre sagrado de Jehovah elo ve Daath, Dios manifestado en la esfera del Sol, y el gran arcángel Rafael, les perdono a estas personas todo el daño que me han causado y los libero hacia la luz. Igualmente, pido el perdón de mi Creador por todos mis errores humanos, además de sus bendiciones durante toda mi vida. Que así sea. Amén".

Luego se prende el papel en la vela y es puesto sobre el incienso ardiente.

Este es el fin del ritual. La vela es apagada sin soplarla, y el incienso se deja hasta que se apague solo. Los restos, incluyendo las cenizas del papel, luego son desechados.

RITUAL DE RENUNCIACIÓN

Este ritual fue diseñado con la intención de devolver a Dios la voluntad de una persona y poner toda su vida en las manos del Creador; esto se hace solamente después del ritual de perdón. Es hecho un jueves, el día regido por la esfera de Chesed, donde se encuentran la prosperidad y el éxito humano. La Luna debe estar creciente.

La persona que hace el ritual debe estar limpia, vestida de blanco, descalza y mirando hacia el Este. Hay que emplear el mismo recipiente metálico y la vela blanca usados en el ritual de perdón. Como en el ritual anterior, el lugar debe ser limpiado con agua con sal, y un círculo de luz blanca debe ser visualizado rodeando el área.

Varios carbones son puestos en el recipiente y prendidos, y sobre ellos se echa olíbano, mirra y un poco de alcanfor e hisopo. La vela blanca es encendida. Luego la persona dice:

"En el nombre sagrado de El, el nombre del Creador en el Sephira de Chesed, y el gran arcángel Sadkiel, quien lo rige y gobierna todas las actividades y éxitos humanos, y en el nombre sagrado de Elohim Gebor, el nombre del Creador en el Sephira opuesto, Geburah, y el gran arcángel Kamael, quien lo rige, entrego al Creador mi voluntad y renuncio a todas mis aspiraciones humanas. Pongo mi destino y mi vida en sus manos divinas con completa confianza y reverencia, sabiendo que me guiará en el camino perfecto de iluminación y realización. Sé que todas mis necesidades humanas serán suplidas, y tendré paz, alegría, amor y prosperidad todos mis días. Que así sea. Amén".

El papel donde están escritas estas palabras luego es quemado en la llama de la vela y puesto sobre los carbones ardientes. Este es fin del ritual.

RITUAL DE ASCENSIÓN

Este ritual es hecho después de los rituales de perdón y renunciación; debe ser realizado un domingo de Luna creciente. Al igual que en los dos primeros rituales, la habitación tiene que ser limpiada con agua con sal y un círculo de luz debe ser visualizado en el área. La persona que desarrolla el ritual debe estar limpia, vestida de blanco, descalza y mirar hacia el Este. Hay que poner olíbano y mirra sobre carbones ardientes en el mismo recipiente metálico.

En el suelo, mirando hacia el Este, la persona coloca diez candeleros pequeños en la forma del árbol de la vida; una vela de color diferente es puesta en cada uno de ellos. La persona pone una vela blanca en el candelero que representa al primer Sephira, Kether; una vela gris en el candelero que representa al segundo, Chokmah; una negra en el tercero, Binah; una azul en el cuarto, Chesed; una roja en el quinto, Geburah; una amarilla en el sexto, Tiphareth; una verde en el séptimo, Netzach; una anaranjada en el octavo, Hod; una violeta en el noveno, Yesod; y una café en el décimo, Malkuth.

La persona prende la vela café y dice:

"Esta es la luz de Malkuth, la esfera de la Tierra, el mundo inferior, el microcosmo, donde reside mi cuerpo mortal. En el nombre de Adonai ha Aretz, la manifestación del Creador en este Sephira, y el gran arcángel Sandalphon, quien lo rige, mi espíritu asciende a través de las esferas del pilar medio hacia la esfera de Kether, la luz última del macrocosmo, que es el alma del universo. Con esta ascensión dejo atrás todas mis inquietudes mundanas, representadas por las esferas de la izquierda y derecha del árbol, y busco unirme con Dios".

Luego es encendida la vela violeta, y la persona dice:

"Esta es la luz de Yesod, la esfera de la Luna, donde se alimentan todos los sueños e imágenes y todo es visualizado primero. En el nombre de Shaddai el Chai, el nombre del Creador manifestado en este Sephira, y el gran arcángel Gabriel, quien lo rige, mi espíritu asciende a la esfera de Yesod, dejando atrás el mundo de la materia que es Malkuth, en mi búsqueda de luz cósmica divina".

La persona hace una pausa unos momentos, visualizando que se encuentra en el centro de la Luna, una enorme esfera de luz plateada rodeada por matices violeta y púrpura. Cuando se siente saturada de luz plateada, prende la vela amarilla y dice:

"Esta es la luz de Tiphareth, la esfera del Sol, dador de vida, el punto medio entre la oscuridad y la luz, lo humano y lo divino. Aquí está el perdón y el amor, belleza y redención, la luz del Cristo crucificado. Aquí el espíritu se eleva hasta el punto cósmico que es Ain Soph y mora entre los ángeles. En el nombre de Jehovah elo ve Daath, la manifestación del Creador en esta esfera, y el gran arcángel Rafael, quien la rige, mi espíritu asciende a la esfera de Tiphareth, dejando atrás el Sephira de Yesod, el mundo de la mente, en mi búsqueda del mundo del espíritu".

La persona hace otra pausa y visualiza que está en el centro del Sol, en medio de un resplandor cegador, donde todo desaparece en la brillante luz ambarina. Muy lentamente, siente que se mezcla con la luz dadora de vida del Sol, hasta que es una con él. Por unos momentos, todos los pensamientos humanos desaparecen y son reemplazados por una sensación indescriptible de paz y amor total.

En este momento, la vela blanca es encendida y la persona dice:

"Esta es la llama eterna de Kether, el punto de luz de Ain Soph. Este es el lugar donde mi espíritu nació y surgió el cosmos; es la gracia de Dios, el Creador todopoderoso, donde los universos toman forma y el átomo se divide en rayos y truenos; es el lugar del todo y la nada; es la verdadera realidad del ser. En el nombre de Eheieh, la manifestación suprema del Creador en la esfera de Kether, y el gran arcángel Metraton, quien la rige, mi espíritu asciende hasta la esfera del todo y se hace uno con la luz superna".

En este momento la persona siente todo su ser absorbido por la luz divina, y su conciencia se mezcla con el alma del universo; permanece en este estado todo el tiempo necesario para sentir plenamente el poder de la experiencia.

Este es un ritual muy trascendental, y si es hecho con fe y reverencia, transformará la existencia de la persona. La vida será más fácil y nada perturbará la serenidad del espíritu.

Después de terminar el ritual, las velas son apagadas y todo es guardado.

Estos tres rituales no son para todos, pero quienes decidan hacerlos encontrarán sus vidas enriquecidas de muchas formas.

APÉNDICE
Los Sephiroth del árbol de la vida

SEPHIRA I
KETHER

Título: La corona

Descripción: El gran semblante, Arik Anpin; el punto primordial, Macroprosopos; la cabeza que no está; antiguo de antiguos; oculto de lo oculto; existencia de existencias

Palabras clave asociadas: Unidad, unión, conciencia pura, la Divinidad, manifestación, comienzo, fuente, emanación

Experiencia espiritual: Unión con Dios

Camino: Primer camino de la sabiduría: la inteligencia admirable; la corona suprema

Virtud: Consecución

Vicio: Ninguno

Nombre de Dios: AHIH, Eheieh

Arcángel: Metraton, ángel de la presencia, el que conduce a la faz de Dios

Orden angélico: Chaioth ha Qadesh, los seres vivientes santos

Imagen: Rey barbado de perfil

Planeta: Primeros remolinos (Rashith ha Gilgalim), también Neptuno

Elemento: Raíz del aire

Colores:

    Atziluth—brillantez

    Briah—brillo blanco

    Yetzirah—brillo blanco

    Assiah—blanco punteado con dorado

Cuerpo físico: Cráneo

Símbolos: Punto, esvástika

Planta: Flor de almendro

Animal: Ninguno

Incienso: Ámbar gris

Metal: Ninguno

Piedra: Diamante

Enfoque humano: Crecimiento

Correspondencias en otros panteones:

    Egipcio—Osiris

    Griego—Aither

    Romano—Aether

    Escandinavo—Ymir

    Hindú—Brahman

SEPHIRA 2
CHOKMAH

Título: Sabiduría

Descripción: Aba (el padre), semilla de creación, discernimiento, potencia activa masculina, el Padre superno, el destello original de intuición

Palabras clave asociadas: Energía creativa pura, fuerza vital, verdad universal

Experiencia espiritual: Visión de Dios

Camino: Segundo camino de la sabiduría, la inteligencia iluminadora, el esplendor de la unidad suprema

Virtud: Devoción

Vicio: Ninguno

Nombre de Dios: IHVH, Jehová

Arcángel: Ratziel, el heraldo de Dios, el príncipe de príncipes del conocimiento de cosas ocultas

Orden angélico: Ophanim, ruedas, Cherubim (querubines)

Imagen: Hombre barbado

Planeta: Mazlot, Zodiaco, Urano

Elemento: Raíz del fuego

Colores:

Atziluth—azul claro

Briah—gris

Yetzirah—gris iridiscente

Assiah—blanco punteado con rojo, azul y amarillo

Cuerpo físico: Lado izquierdo de la cara

Símbolos: Falo, línea recta

Planta: Amaranto

Animal: Hombre

Incienso: Almizcle

Metal: Ninguno

Piedra: Rubí, turquesa

Enfoque humano: Ninguno

Correspondencias en otros panteones:

Egipto—Thot

Griego—Urano

Romano—Coelo

Escandinavo—Odín

Hindú—Visnú

SEPHIRA 3
BINAH

Título: Entendimiento

Descripción: Ama—la madre estéril oscura, Aima—la madre fértil clara, Mara—el gran mar, Khorsia—el trono, forma, recipiente de fuerza dinámica, matriz de toda vida, conciencia perceptiva, intuición

Palabras clave asociadas: Limitación, forma, restricción, fertilidad, infertilidad, encarnación, karma, tiempo, ley natural, contención, la matriz y gestación

Experiencia espiritual: Visión del dolor

Camino: Tercer camino de la sabiduría, la inteligencia santificadora, la base de la sabiduría primordial, la creación de la fe

Virtud: Silencio

Vicio: Avaricia

Nombre de Dios: Jehovah Elohim

Arcángel: Tzaphkiel, contemplación de Dios, el príncipe de la lucha espiritual contra el mal

Orden angélico: Aralim, el poderoso, tronos

Imagen: Matrona

Planeta: Shabbathai, Saturno

Elemento: Raíz del agua

Colores:

Atziluth—carmesí

Briah—negro

Yetzirah—café oscuro

Assiah—gris punteado con rosado

Cuerpo físico: Lado derecho de la cara

Símbolos: Taza, órganos sexuales femeninos

Planta: Ciprés, amapola

Animal: Mujer

Incienso: Mirra, civeto

Metal: Plomo

Piedra: Zafiro

Enfoque humano: Ninguno

Correspondencias en otros panteones:

Egipto—Mat

Griego—Rhea

Romano—Magna Mater

Escandinavo—Frigga

Hindú—Saraswati, Kali

SEPHIRA 0
DAATH

Aunque este Sephira no tiene número, se sitúa entre Chesed y Geburah y debe seguir después.

Título: Conocimiento

Descripción: Lo no manifestado, realización, iluminación, conocimiento ganado con la experiencia de la vida en todos los niveles; también es conocimiento en el sentido bíblico, como Adam "conociendo" a Eva, y de este modo es sexo o unión en un nivel espiritual superior

Este no es en sí un Sephira y por lo tanto no tiene correspondencias.

SEPHIRA 4
CHESED

Título: Misericordia

Descripción: Compasión, grandeza, gracia, majestad, amor superior, padre protector, receptividad, beneficencia

Palabras clave asociadas: Gedulah, autoridad, inspiración, visión, liderazgo, servicio

Experiencia espiritual: Visión del amor

Camino: Cuarto camino de la sabiduría, la inteligencia que detiene o recibe

Virtud: Obediencia

Vicio: Tiranía

Nombre de Dios: El

Arcángel: Tzadkiel, justicia de Dios, príncipe de la misericordia

Orden angélico: Hashmalim, los brillantes, dominaciones

Imagen: Rey con corona y trono

Planeta: Tzadekh, Júpiter

Elemento: Agua

Colores:

Atziluth—violeta subido

Briah—azul

Yetzirah—morado

Assiah—azul oscuro punteado con amarillo

Cuerpo físico: Brazo izquierdo

Símbolos: Orbe, tetraedro

Planta: Olivo, trébol irlandés

Animal: Unicornio

Incienso: Cedro

Metal: Estaño

Piedra: Amatista

Enfoque humano: Viajes, bancos, deudas, juego, abundancia,
prosperidad, crecimiento

Correspondencias en otros panteones:

Egipto—Ptah

Griego—Zeus

Romano—Júpiter

Escandinavo—Balder

Hindú—Rama Chandra

SEPHIRAH 5
GEBURAH

Título: Severidad, fuerza

Descripción: Control del poder por disciplina y deber, justicia,
severidad, juicio

Palabras clave asociadas: Pachad—temor; Din—justicia, poder, castigo
justo, crueldad, opresión, dominación, severidad, artes marciales

Experiencia espiritual: Visión del poder

Camino: Quinto camino de la sabiduría, la inteligencia radical

Virtud: Valor

Vicio: Destrucción

Nombre de Dios: Elohim Gebor

Arcángel: Kamael, severidad de Dios

Orden angélico: Seraphim, (serafines), serpientes flamantes, potestades

Imagen: Guerrero en su carruaje

Planeta: Madim, Marte

Elemento: Fuego

Colores:

Atziluth—naranja

Briah—rojo

Yetzirah—escarlata

Assiah—rojo punteado con negro

Cuerpo físico: Brazo derecho

Símbolos: Pentágono, espada

Planta: Roble

Animal: Basilisco

Incienso: Tabaco

Metal: Hierro

Piedra: Rubí

Enfoque humano: Peligros, guerras, cirugía, construcción, destrucción, enemigos

Correspondencias en otros panteones:

Egipto—Seth

Griego—Ares

Romano—Marte

Escandinavo—Loki

Hindú—Shiva

SEPHIRA 6
TIPHARETH

Título: Belleza

Descripción: Salud universal, armonía, alegría en la vida, equilibrio, balance, clemencia

Palabras clave asociadas: Zoar Anpin—el semblante menor, Melekh—el rey, Adam—el hijo, el hombre, el yo, el Hijo de Dios, la piedra filosofal, identidad, la gran obra

Experiencia espiritual: Visión de la armonía

Camino: Sexto camino de la sabiduría, la inteligencia de la influencia mediadora

Virtud: Devoción por la gran obra

Vicio: Soberbia

Nombre de Dios: Jehovah elo ve Daath

Arcángel: Rafael, médico divino

Orden angélico: Malachim, reyes, virtudes

Imagen: Rey majestuoso, un niño, un rey sacrificado

Planeta: Shemesh, el Sol

Elemento: Aire

Colores:

Atziluth—rosado

Briah—amarillo

Yetzirah—salmón

Assiah—ámbar

Cuerpo físico: Pecho

Símbolo: Cubo

Planta: Acacia, vid, laurel

Animal: León

Incienso: Olíbano

Metal: Oro

Piedra: Topacio

Enfoque humano: Éxito, dinero, poder, superiores, poderes mentales, salud

Correspondencias en otros panteones:
  Egipto—Ra
  Griego—Apolo
  Romano—Helios
  Escandinavo—Thor
  Hindú—Indra / Surya

SEPHIRA 7
NETZACH

Título: Victoria

Descripción: Realización, firmeza, instintos, emociones, ilusiones, amor físico

Palabras clave asociadas: Pasión, placer, lujo, belleza sensual, sentimientos, amor, odio, ira, alegría, depresión, tristeza, emoción, deseo, lujuria, empatía, simpatía

Experiencia espiritual: Visión de la belleza triunfante

Camino: Séptimo camino de la sabiduría, la inteligencia oculta

Virtud: Altruismo

Vicio: Lujuria

Nombre de Dios: Jehovah Tzabaoth

Arcángel: Haniel, gracia de Dios

Orden angélico: Elohim, dioses, principados

Imagen: Mujer desnuda encantadora

Planeta: Nogah, Venus

Elemento: Fuego

Colores:

Atziluth—ámbar

Briah—verde esmeralda

Yetzirah—verde amarillento

Assiah—oliva punteado con dorado

Cuerpo físico: Lomo, cadera y pierna izquierdos

Símbolos: Rosa, lámpara y faja

Planta: Rosa

Animal: Lince

Incienso: Benjuí

Metal: Cobre

Piedra: Esmeralda

Enfoque humano: Amor, pasión, matrimonio, mujeres, artes, música, diversión, placer, amigos

Correspondencias en otros panteones:

Egipto—Hathor

Griego—Afrodita

Romano—Venus

Escandinavo—Freya

Hindú—Sita

SEPHIRA 8
HOD

Título: Gloria

Descripción: La inteligencia perfecta y absoluta, razón, abstracción, comunicación

Palabras clave asociadas: Magia ritual, lenguaje, habla, ciencia

Experiencia espiritual: Visión del esplendor

Camino: Octavo camino de la sabiduría, las profundidades de la esfera de la magnificencia

Virtud: Veracidad

Vicio: Deshonestidad

Nombre de Dios: Elohim Tzabaoth

Arcángel: Miguel, el que es como Dios

Orden angélico: Beni Elohim, hijos de Dios, arcángeles

Imagen: Hermafrodita

Planeta: Mercurio

Elemento: Agua

Colores:

Atziluth—violeta

Briah—naranja

Yetzirah—rojo ladrillo

Assiah—negro amarillento, punteado con blanco

Cuerpo físico: Lomo, cadera y pierna derechos

Símbolos: Nombres, versículos, delantal

Planta: Ajo silvestre

Animal: Hermafrodita

Incienso: Estoraque

Metal: Azogue

Piedra: Ópalo

Enfoque humano: Papeles, asuntos comerciales, libros, contratos

Correspondencias en otros panteones:

Egipto—Anubis

Griego—Hermes

Romano—Mercurio

Escandinavo—Freya

Hindú—Hanuman

SEPHIRA 9
YESOD

Título: Base

Descripción: La inteligencia purificada, esfera de luz astral, esfera de la Luna, receptáculo de emanaciones de otros Sephiroth

Palabras clave asociadas: Percepción, imaginación, encanto, lo inconsciente, mareas, sueños, adivinación, plano astral, sexo y reproducción, siquismo

Experiencia espiritual: Visión de la maquinaria del universo

Camino: Noveno camino de la sabiduría, establece la unidad entre los Sephiroth

Virtud: Independencia

Vicio: Ociosidad

Nombre de Dios: Shaddai el Chai

Arcángel: Gabriel, hombre-Dios

Orden angélico: Cherubim, (querubines), ángeles

Imagen: Hombre hermoso desnudo

Planeta: Levanah, la Luna

Elemento: Aire

Colores:

Atziluth—índigo

Briah—violeta

Yetzirah—morado oscuro

Assiah—citrino punteado con azul oscuro

Cuerpo físico: Órganos reproductivos

Símbolos: Perfumes, sandalias

Planta: Mandrágora, damiana

Animal: Elefante

Incienso: Jazmín

Metal: Plata

Piedra: Cuarzo blanco

Enfoque humano: Asuntos de mujeres, la madre, cambios, movimientos, viajes cortos

Correspondencias en otros panteones:

Egipto—Isis

Griego—Artemisa

Romano—Diana

Escandinavo—Sif

Hindú—Lakshmi

SEPHIRA 10
MALKUTH

Título: El reino

Descripción: La inteligencia resplandeciente, mundo material, esfera de la naturaleza, esfera de la Shekinah, Malkah—la reina, madre inferior, puerta de la muerte, puerta del Edén, puerta de la justicia, Kallah—la novia, la virgen

Palabras clave asociadas: Madre Tierra, elementos físicos, mundo natural, posesiones, inercia, muerte física, encarnación, los cuatro elementos

Experiencia espiritual: Visión del ángel guardián sagrado

Camino: Décimo camino de la sabiduría, tiene su asiento en Binah

Virtud: Discriminación, discernimiento

Vicio: Pereza

Nombre de Dios: Addonai ha Aretz

Arcángel: Sandalphon, hermano gemelo de Metraton

Orden angélico: Ishim, las almas benditas de los justos

Imagen: Mujer joven con corona y trono

Planeta: Cholem Yesodeth, la Tierra

Elemento: Tierra

Colores:

Atziluth—amarillo

Briah—citrino, oliva, canela, negro

Yetzirah—citrino, oliva, canela, negro, punteados con amarillo

Assiah—negro rayado con amarillo

Cuerpo físico: Pies, ano

Símbolos: Cruz de brazos iguales

Planta: Lirio, hiedra

Animal: Esfinge

Incienso: Díctamo de Creta

Metal: Roca, mica

Piedra: Cristal de roca

Enfoque humano: Energía, materia y cosas materiales

Correspondencias en otros panteones:

    Egipto—Nephthys

    Griego—Deméter

    Romano—Ceres

    Escandinavo—Nerthus

    Hindú—Ganesh

BIBLIOGRAFÍA

Agrippa, C., *De Occulta Philosophia*, New York, 1971.

Allen, A. C., *The Skin: A Clinicopathological Treatise,* New York, 1967.

Anderson, P., *Science in Defense of Liberal Religion*, London, 1933.

Appian of Alexandria, *Romaica (History of Rome),* New York, 1960.

Apocrypha, New York, 1987.

Aristotle, *Metaphysics*, trans. Hope, R., New York, 1988.

Bardon, F., *The Key to the True Quabbalah*, Austria, 1971.

Beagon, M., *Roman Nature: The Thought of Pliny the Elder*, New York, 1992.

Bible, St. James Version, New York, 1984.

Bible, New Revised Standard Version (Harper Collins Study Bible), New York, 1989.

Cambridge History of India, London, 1968.

Charlesworth, J. H., "Jesus and Jehohanan: An Archeological Note on Crucifixion", *Expository Times*, Edinburgh, 1973.

——, ed., *The Old Testament Pseudoepigrapha: Second Book of Enoch*, New York, 1980.

——, and Kiley, M., *The Lord's Prayer and Other Prayer Texts from the Greco-Roman Era*, Philadelphia, 1994.

Churchland, P. M., *Matter and Consciousness*, Cambridge, Mass., 1988.

Cicero, *The Republic and Its Laws*, trans. Grant, M., New York, 1980.

————, *Selected Works*, trans. Grant, M., New York, 1960.

Crossan, J. D., *Jesus, A Revolutionary Biography*, New York, 1994.

Darwin, C., *The Origin of Species*, New York, 1993.

Davies, P., *God and the New Physics*, London, 1983.

————, *The Mind of God*, Adelaide, 1996.

Edwards, W. D., et al., "On the Physical Death of Jesus Christ", *Journal of the American Medical Association*, marzo, 1986.

Einstein, *Ideas and Opinions*, New York, 1992.

————, *Relativity, The Special and General Theory*, New York, 1995.

Fishman, Dr. Gerald J., The Burst and Transient Source Experiment, NASA (sin terminar).

Fortune, D., *The Mystical Qabalah*, London, 1935.

Franck, A., *The Kabbalah*, London, 1926.

Gaer, J., *How the Great Religions Began*, London, 1954.

Gamow, G., *The Creation of the Universe*, New York, 1974.

————, *Thirty Years that Shook Physics: The Story of Quantum Theory*, New York, 1985.

Gaster, T. H., *The Dead Sea Scriptures*, New York, 1964.

Ginsburg, C. D., *The Kabbalah*, London, 1863.

Gleick, P., *Chaos*, New York, 1987.

González-Wippler, M., *A Kabbalah for the Modern World*, St. Paul, 1998.

Guthrie, K. S., *The Pythagorean Sourcebook and Library*, New Jersey, 1991.

Hahn, E., and Benes, B. L., *Breath of God*, New York, 1985.

Herodotus, *The Histories*, trans. A. de Selincourt, New York, 1996.

Hawking, S., *A Brief History of Time*, New York, 1988.

———, *The Universe in a Nutshell*, New York, 2001.

Jastrow, R., *God and the Astronomers*, New York, 1977.

Josephus, F., *The Works of Josephus: Complete and Unabridged*, New York, 1980.

Jung, C. G., *The Archetypes of the Collective Unconscious*, Volumen 9, Parte 1, New Jersey, 1981.

———, *The Structure and Dynamics of the Psyche*, New York, 1960.

———, *Mysterium Coniunctionis*, New York, 1963.

Kant, I., *Prolegomena to Any Future Metaphysics*, New York, 1951.

Kaplan, A., transl., *Sepher Yetzirah*, Boston, 1997.

Klein, E., *Kabbalah of Creation*, New Jersey, 2000.

Knight, G., *A Practical Guide to Kabbalistic Symbolism*, London, 1965.

Krakovsky, L. I., *Kabbalah, the Light of Redemption*, Israel, 1970.

Lederman, L., *The God Particle*, New York, 1993.

Levy, F., *Pauli Sententiae: A Palingenesia of the Opening Titles as a Specimen of Research on West Roman Vulgar Law*, New York, 1970.

Luria, I., *Ten Luminous Emanations*, Israel, 1969.

———, *Kabbalah of Creation*, trans. E. Klein, New Jersey, 2000.

Luzzatto, M. C., *General Principles of the Kabbalah*, New York, 1970.

Maimonides, M., *A Guide to the Perplexed*, New York, 1956.

———, *Mishneh Torah*, New York, 1974.

Mason, S., *Josephus and the New Testament*, New York, 1995.

Mathers, S. L. M., *The Kabbalah Unveiled*, New York, 1971.

Meier, J. P., *A Marginal Jew: Rethinking the Historical Jesus*, New York, 1991.

Myer, I., *Qabbalah*, New York, 1970.

Nietszche, F., *Thus Spake Zarathustra*, New York, 1999.

Potter, C. F., *The Lost Years of Jesus Revealed*, Connecticut, 1962.

Seneca, *Letters from a Stoic: Epistulae Morales Ad Lucilium*, New York, 1969.

Ouspensky, P., *Tertium Organum: A Key to the Enigmas of the Universe*, New York, 1968.

Pfeiffer, C. F., *The Dead Sea Scrolls and the Bible*, New York, 1972.

Platt, R. H., *The Forgotten Books of Eden*, New York, 1980.

Popper, K. and Eccles, J. C., *The Self and Its Brain*, Berlín, 1977.

Progoff, I., *Jung, Synchronicity and Human Destiny*, New York, 1973.

Regardie, *A Garden of Pomegranates*, St. Paul, 1970.

————, *The Golden Dawn*, St. Paul, 1986.

Robinson, I., *Moses Cordovero's Introduction to Kabbalah*, New York, 1994.

St. Augustine, *Confessions of St. Augustine*, London, 1982.

————, *The City of God*, New York, 1972.

St. Iranaeus of Lyons, *Against the Heresies*, trans. Unger, D. J., New York, 1985.

St. Thomas Aquinas, *Summa Theologica*, New York, 1997.

Schoeps, H. J., *The Jewish-Christian Argument*, New York, 1963.

Scholem, G., *Major Trends in Jewish Mysticism*, New York, 1954.

————, *On the Kabbalah and Its Symbolism*, New York, 1965.

Seneca, *Letters from a Stoic: Epistulae Morales Ad Lucilium*, New York, 1969.

Suares, C., ed., *The Sepher Yetzirah, the Book of Formation*, London, 1968.

————, *The Cipher of Genesis*, Berkeley, 1970.

Talmadge, F. E., *Disputation and Dialogue: Readings in the Jewish-Christian Encounter*, New York, 1975.

Tipler, F. J., *The Physics of Immortality*, New York, 1994.

Torah Anthology (The Me'am Lo'ez), trans. Kaplan, A., New York, 1988.

Trachtenberg, J., *Jewish Magic and Mysticism*, New York, 1961.

Waite, A. E., *The Holy Kabbalah*, New York, 1960.

Weiner, H., *Nine and a Half Mystics: The Kabbalah Today*, New York, 1969.

Westcott, W. W., ed., *The Sepher Yetzirah, the Book of Formation*, London, 1967.

Whiston, W., trans., *The Works of Flavius Josephus*, New York, 1988.

Yonge, C. D., ed., *The Works of Philo: Complete and Unabridged*, New York, 1993.

Zohar, the Book of Splendor, G. Scholem, ed., New York, 1949.

Zugibe, F., *Cross and the Shroud: A Medical Enquiry into the Crucifixion*, New York, 1982.

ÍNDICE